상명대학교 한일문화연구소 번역총서 05

# 고등소학독본 5

# 일러두기

1. 이 책은 문부성文部省 총무국総務局 도서과図書課 소장판『고등소학독본高等小學讀本』 (1888, 문부성)을 완역한 것이다. 단, 누락된 페이지의 경우에는 문부성 편집국編 集局 소장판을 저본으로 하였다.
2. 연구 자료로서의 가치를 높이기 위해 한국어 완역과 원문을 함께 실었다.
3. 국립국어원의 한글맞춤법과 외래어 표기법에 따랐다.
4. 일본어 문말 어미가 통일되어 있지 않은 경우, 문체의 일관성을 위해 한국어 번역에서는 통일했다.
5. 일본의 인명, 지명, 서적명 등은 일본식 음독과 원서의 표기를 따랐으나 이미 한국 내에서 통용 중인 용어는 한국식 표기를 따랐다.
   예) 도쿄東京, 아시아亜細亜州, 오사카성大坂城
6. 중국의 인명, 지명, 서적명 등은 한국식 음독으로 표기했다.
7. 자연스러운 한국어역을 위해 원문에 없는 문장부호를 사용하였다.
8. 한자표기는 원문에 따랐다.
9. 낙자, 오식 등은 교정하여 번역하였다.
10. 서명은『 』, 글의 제목은「 」로 표시했다.
11. 연호는 서기연도연호로 표기하였다.
12. 지명과 인명의 초출 한자는 매 과마다 한 번씩 제시했다. 일반 어휘 중에서는 일본어 한자표기가 한국어 번역어와 차이가 있는 경우, 번역어라도 독자의 이해를 위한 경우에는 한자어를 병기했다.
13. 원문의 매 과 말미에 제시되는 난독 한자와 어휘의 주해는 본문 안에 *로 표기하였 으나 해설과 단어가 같은 경우에는 해설을 생략하였다.
14. 도량형은 원문대로 명기한 후 현대의 도량법으로 환산하였다.
    예) 5~6정町(545~654m)

상명대학교 한일문화연구소 번역총서 05

高等小學讀本 5

이현진 옮김

경진출판

# 일본 문부성 『고등소학독본』

　근대 일본은 메이지시대에 급격한 교육제도의 변화를 겪는다. 1872년 프랑스의 학구제를 모방해 지역을 나누어 교육기관을 설치하는 '학제(學制)'가 공포되자 적절한 교과서의 편찬은 급선무가 되었다. 당시에는 1860년대 미국의 초등교육 교재인 『Willson's Reader』를 번역하여[1] 교과서로 발행하는 등 서구의 교과서를 번역 출간하는 데 힘을 기울였고 당시의 지식인들에게도 서구의 지리나 근대과학을 소개하는 것이 계몽운동의 중요한 일 중 하나였기에 급속도로 번역교과서가 발행되었다. 그러나 1879년에 '학제'가 폐지되고 '교육령(敎育令)'이 공포되면서 교과서는 새로운 전기를 맞이한다. 문부성의 관리이자 이와쿠라(岩倉) 사절단의 일원인 다나카 후지마로(田中不二麻呂)가 미국을 다녀온 뒤 교육의 권한을 지방으로 위탁해야 한다고 주장한 것이다. 이에 '교육령' 공포로 인해 지방의 교육 권한이 대폭 강화되었다. 아직 성숙한 교육시스템이 정착되지 않았던

---

1) 한국의 『Willson's Reader』와 연관한 선행연구로는 『국민소학독본』의 과학사적 내용을 비교, 검토한 연구가 있다(박종석·김수정(2013), 「1895년에 발간된 『국민소학독본』의 과학교육사적 의의」, 『한국과학교육학회지』 33호). 1895년 5월 1일 외부대신 김윤식이 주일공사관 사무서리 한영원에게 일본의 심상사범학교와 고등사범학교의 교과서를 구득하여 보낼 것(舊韓國外交文書 3 日案 3623號 高宗 32년 5月 1日)을 지시한 것으로 미루어보아 『Willson's Reader』를 참고한 일본의 『고등소학독본』을 그 저본으로 삼은 것을 알 수 있다.

일본에서 오히려 이 교육령으로 인해 학제가 구축해놓은 질서가 붕괴되자 많은 비난이 일었다. 그러자 그 1년 뒤인 1880년 '개정교육령'이 공포되고, 그 해 3월에 문부성이 편집국을 설치하고 교과서로 부적당하다고 판단되는 것은 부현(府県)에 통지하여 사용을 금지했다. 1883년에는 교과서 인가제도가 시행되어 문부성의 인가를 얻어야만 교과서로 사용할 수 있게 되었다. 1885년에는 초대 문부대신 모리 아리노리(森有礼)가 취임하여 1886년 3월 제국대학령(帝國大學令), 4월 사범학교령(師範學校令), 소학교령(小學校令), 중학교령(中學校令)을 연이어 공포함으로써 근대학교제도의 기반을 확립했으며, 1887년부터 '교과용도서 검정규칙(教科用圖書檢定規則)'2)을 시행함으로써 교과서의 검정제도가 시작되기에 이른다.

1886년에 제1차 소학교령3) 공포로 소학교를 심상소학교(尋常小學校)와 고등소학교(高等小學校)의 두 단계로 하여 각각 4년씩 총 8년의 초등교육을 시행하게 된다. 이 시기에 문부성에서 발간한 3가지 독본이 『독서입문(読書入門)』(1권), 『심상소학독본(尋常小學読本)』(7권), 『고등소학독본(高等小学読本)』(8권 예정, 7권 편찬)이다. 다른 교과서는 공모를 통해 출간하는 경우도 있었으나 이 세 독본은 문부성에서 직접 발간했는데, 이는 검정 시기 민간 교과서에 하나의 표준을 보여주기 위해 편찬한 것으로 독본의 출판을 통해 교과서의 개선을 도모하려고 한 것을 알 수 있다.

---

2) 1887년 5월 7일 관보를 살펴보면 검정규칙의 취지는 교과용 도서로 사용하는데 폐해가 없다는 것을 증명하는 데 있으며 문부성에서 교과용 도서에 대한 허가를 반드시 받아야 함을 명시하고 있다(第1條 敎科用圖書ノ檢定ハ止タ圖書ノ敎科用タルニ弊害ナキコトヲ證明スルヲ旨トシ其敎科用上ノ優劣ヲ問ハサルモノトス).

3) 1886년 4월 10일 관보(官報)의 '소학령'을 살펴보면 제1조에 심상소학, 고등소학 2단계 설치를 명시하고 있다(第1條 小學校ヲ分チテ高等尋常ノ二等トス). 그 이전에는 1881년 '소학교교칙강령(小學校敎則綱領)'에 의해 초등, 중등, 고등의 3단계 교육을 실시하였다(第1條 小學科を分て初等中等高等の三等とす).

1888년에 일본 문부성에서 펴낸 『고등소학독본』은 1887년에 간행된 『심상소학독본』의 학습을 마친 뒤 연계하여 교육하는 교과서로 당초 총 8권을 발행할 예정이었으나, 1890년 10월 제2차 '소학교령(小学校令)'[4]의 개정과 '교육칙어(敎育勅語)'[5]의 공포로 인해 편집 방침이 바뀌면서 1889년 10월 제7권의 간행을 마지막으로 중단되었다.[6] 여기에는 '소학교의 학과 및 그 정도(小學校ノ學科及其程度)'[7]에 따라 소학교 교과서에 이과(理科) 과목이 새롭게 실렸다. 또한, 검정제도를 구체화한 법규들이 공포된 뒤에 간행된 교과서로, 서양의 실용주의적 학문을 받아들이려 했던 당시의 교육 근대화 및 교육사를 연구하는 데 매우 중요하다고 할 수 있다.

〈표 1〉 『고등소학독본』 편찬 시기 주요 사항

| 날짜 | 교육 관련 법규 |
| --- | --- |
| 1879년 | '학제' 폐지, '교육령' 공포 |
| 1880년 | '개정교육령' 공포 |
| 1880년 3월 | 문부성 편집국 설치, 교과서 편찬 착수 |
| 1881년 | 소학교교칙강령 |

---

4) 소학교의 교육 목적을 아동신체의 발달에 유의하여 도덕교육 및 국민 교육의 기초 그리고 그 생활에 필수가 되는 지식, 기능의 전수를 취지로 삼았으며, 의무교육인 심상소학교의 수업연한을 3년 또는 4년으로 했다. 고등소학교의 수업연한을 2~4년으로 했다.

5) '교육에 관한 칙어(교육칙어)'는 1890년 10월 30일 궁중에서 메이지(明治)천황이 야마가타 아리토모(山縣有朋) 내각총리대신과 요시카와 아키마사(芳川顯正) 문부대신에게 내린 칙어이다. 이는 메이지유신 이후 일본제국에서 수신, 도덕교육의 근본규범이 되었다.

6) 『고등소학독본』 서언에 "이 책은 본국(本局)에서 편찬한 심상소학독본에 이어 고등소학과 1학년 초부터 4학년 말까지의 아동들에게 독서를 가르칠 용도로 제공하기 위해 편찬한 것으로 모두 8권으로 이루어져 있다."라 명시하고 있다.

7) 수신, 독서, 작문, 습자, 지리, 역사, 이과의 학습 내용 및 학습 정도를 명기하고 있는데 그 이전에 공포되었던 '소학교칙강령'과 비교해보면 이 중 이과는 신설된 것으로 그 이전까지는 물리, 화학, 박물, 생리로 나누어 있었다.

| 날짜 | 교육 관련 법규 |
|---|---|
| 1883년 | 문부성 교과서 인가제도 |
| 1885년 | 모리 아리노리 초대 문부대신 취임 |
| 1886년 | 교과서 검정제도 |
| 1886년 4월 | 소학교령(1차) |
| 1886년 5월 | '교과용도서검정조례', '소학교 학과 및 그 정도' |
| 1887년 3월 | 공사립소학교 교과용도서 선정방법 |
| 1887년 5월 | 교과용도서검정규칙 |
| 1887년 | 『심상소학독본』 편찬 |
| 1888년 | 『고등소학독본』 편찬 |
| 1889년 | '대일본제국헌법' 발포 |
| 1890년 | 소학교령(2차) |

『고등소학독본』은 일본의 고등소학교용 국어독본이다. 고등소학 (高等小學)은 1886년부터 1941년까지 설치된 교육기관으로 심상소 학교(尋常小学校)를 졸업한 사람이 다녔던 학교 기관이다. 오늘날의 학제로 말하자면 초등학교 고학년에서 중학교에 해당되는 것이라 할 수 있다. 『고등소학독본』은 『심상소학독본』에 비해 수준이 높은 문장으로 쓰여 있으며 문어체 문장이 주류를 이룬다.[8] 표기는 대부 분 한자와 가타가나(カタカナ)이며, 한시는 한문으로, 운문은 히라가 나(平仮名)로 표기했다. 인쇄도 근대적인 명조체의 활자체로 통일되 어 있다. 총7권으로, 다음 〈표 2~8〉[9]과 같이 1권 37과, 2권 34과,

---

8) 1886년 5월 제정 '소학교의 학과 및 그 정도' 제10조 '독서' 규정에 '심상소학과에서는 가나, 가나 단어, 단구(短句), 간소한 한자가 혼용된 단구 및 지리·역사·이과의 사항을 넣은 한자혼용문, 고등소학과에서는 다소 이것보다 높은 수준의 한자혼용문'으로 되어 있다(『官報』, 1886년 5월 25일, 1면).

9) 제재 분류는 가이 유이치로(甲斐雄一郎, 2006), 「제1기 국정국어교과서 편찬방침의 결 정방침에 관한 조사연구(第一期国定国語教科書の編集方針の決定過程についての調査 研究)」의 분류에 따라 지리교재(일본지리, 외국지리), 역사교재(고대, 중세, 근세, 근 대), 이과교재(식물, 동물, 광석, 생리, 자연·천문, 물리), 실업교과 교재(농업, 상업, 공 업, 무역), 국민교과 교재(황실, 군사, 제도 등), 기타(수신, 설화, 자연)로 나누어 작성하 였다.

3권 36과, 4권 35과, 5권 37과, 6권 36과, 7권 36과로 총 7권 251개과
로 구성되어 있다.

〈표 2〉『고등소학독본』권1 단원 구성

| 단원 | 단원명(원제) | 단원명(한국어 번역) | 제재 |
|---|---|---|---|
| 1 | 吾国 | 우리나라 | 지리(일본) |
| 2 | 知識ヲ得ルノ方法 | 지식을 얻는 방법 | 기타(수신) |
| 3 | 子鹿ノ話 | 아기사슴 이야기 | 기타(수신) |
| 4 | 都会 | 도회 | 지리(일본) |
| 5 | 東京 | 도쿄 | 지리(일본) |
| 6 | 兄ノ親切 | 오빠의 친절 | 이과(식물) |
| 7 | 吾家 | 우리집 | 기타(수신) |
| 8 | 日本古代ノ略説 | 일본 고대의 개요 | 역사(일본고대) |
| 9 | 京都 | 교토 | 지리(일본) |
| 10 | 日本武尊ノ武勇 | 야마토 다케루노미코토의 용맹 | 역사(일본고대) |
| 11 | 一滴水ノ話 | 한방울의 물 이야기 | 이과(자연) |
| 12 | 闇の板戸 | 침실의 널문 | 기타(수신) |
| 13 | 日本武尊ノ東夷征伐 | 야마토 타케루노미코토의 오랑캐 정벌 | 역사(일본고대) |
| 14 | 木炭 | 목탄 | 실업 |
| 15 | 大江某ノ話 | 오오에 아무개의 이야기 | 기타(수신) |
| 16 | 商売及交易 | 상업 및 교역 | 국민 |
| 17 | 大阪 | 오사카 | 지리(일본) |
| 18 | 上古ノ人民一 | 상고시대 사람들1 | 역사(일본고대) |
| 19 | 上古ノ人民二 | 상고시대 사람들2 | 역사(일본고대) |
| 20 | 栄行ク御代 | 번영해가는 천황의 치세 | 기타(수신) |
| 21 | 雞ノ話 | 닭 이야기 | 이과(동물) |
| 22 | 海岸 | 해안 | 지리 |
| 23 | 横濱 | 요코하마 | 지리(일본) |
| 24 | 菜豆 | 까치콩 | 이과(식물) |
| 25 | 三韓ノ降服 | 삼한의 항복 | 역사(일본고대) |
| 26 | 時計 | 시계 | 이과(물리) |
| 27 | 犬ノ話 | 개 이야기 | 이과(동물) |
| 28 | 雲ト雨トノ話 | 구름과 비의 이야기 | 이과(자연) |

| 단원 | 단원명(원제) | 단원명(한국어 번역) | 제재 |
|---|---|---|---|
| 29 | 雲 | 구름 | 기타(자연) |
| 30 | 文學ノ渡来 | 문학의 도래 | 역사(일본고대) |
| 31 | 海中ノ花園 | 바다 속 화원 | 이과(동물) |
| 32 | 長崎一 | 나가사키1 | 지리(일본) |
| 33 | 長崎二 | 나가사키2 | 지리(일본) |
| 34 | 長崎三 | 나가사키3 | 지리(일본) |
| 35 | 書籍 | 서적 | 기타(수신) |
| 36 | 茶ノ話 | 차 이야기 | 이과(식물) |
| 37 | 手ノ働 | 손의 기능 | 이과(생리) |

〈표 3〉『고등소학독본』 권2 단원 구성

| 단원 | 단원명(원제) | 단원명(한국어 번역) | 제재 |
|---|---|---|---|
| 1 | 皇統一系 | 황통일계 | 국민 |
| 2 | 神器國旗 | 신기와 국기 | 국민 |
| 3 | 兵庫神戸 | 효고와 고베 | 지리(일본) |
| 4 | 火ノ話 | 불 이야기 | 이과(물리) |
| 5 | 佛法ノ渡来 | 불법의 도래 | 역사(일본고대) |
| 6 | 猫ノ話 | 고양이 이야기 | 이과(동물) |
| 7 | 怨ニ報ユルニ德ヲ以テス | 원수를 덕으로 갚다 | 기타(수신) |
| 8 | 新潟 | 니가타 | 지리(일본) |
| 9 | 氷ノ話 | 얼음이야기 | 이과(물리) |
| 10 | 藤原氏一 | 후지하라 가문1 | 역사(일본고대) |
| 11 | 藤原氏二 | 후지하라 가문2 | 역사(일본고대) |
| 12 | 虎ノ話 | 호랑이 이야기 | 이과(동물) |
| 13 | 上毛野形名ノ妻 | 감즈케누노 가타나의 아내 | 역사(일본고대) |
| 14 | 函館 | 하코다테 | 지리(일본) |
| 15 | 木綿 | 목면 | 이과(식물) |
| 16 | 後三條天皇 | 고산조 천황 | 역사 |
| 17 | 狼ノ話 | 늑대 이야기 | 이과(동물) |
| 18 | 金澤 金沢 | 가나자와 | 지리(일본) |
| 19 | 砂糖ノ製造 | 설탕의 제조 | 실업 |
| 20 | 根ノ話 | 뿌리 이야기 | 이과(식물) |
| 21 | 遣唐使 | 견당사 | 역사(일본고대) |

| 단원 | 단원명(원제) | 단원명(한국어 번역) | 제재 |
|---|---|---|---|
| 22 | 山ト河トノ話 | 산과 강 이야기 | 기타(수신) |
| 23 | 象ノ話一 | 코끼리 이야기1 | 이과(동물) |
| 24 | 象ノ話二 | 코끼리 이야기2 | 이과(동물) |
| 25 | 名古屋 | 나고야 | 지리(일본) |
| 26 | 植物ノ增殖 增殖 | 식물의 증식 | 이과(식물) |
| 27 | 恩義ヲ知リタル罪人 | 은혜와 신의를 아는 죄인 | 기타(설화) |
| 28 | 留學生 | 유학생 | 역사(일본고대) |
| 29 | 仙臺 仙台 | 센다이 | 지리(일본) |
| 30 | 葉ノ形狀 | 잎의 형상 | 이과(식물) |
| 31 | 僧空海ノ傳 | 승려 구카이 전 | 역사(일본고대) |
| 32 | 二ツノ息一 | 두 가지 숨1 | 이과(생리) |
| 33 | 二ツノ息二 | 두 가지 숨2 | 이과(생리) |
| 34 | 奇妙ナ菌 | 기묘한 버섯 | 이과(식물) |

〈표 4〉『고등소학독본』 권3 단원 구성

| 단원 | 단원명(원제) | 단원명(한국어 번역) | 제재 |
|---|---|---|---|
| 1 | 親切ノ返報 | 친절에 대한 보답 | 기타(설화) |
| 2 | 中世ノ風俗一 | 중세의 풍속1 | 역사(일본중세) |
| 3 | 中世ノ風俗二 | 중세의 풍속2 | 역사(일본중세) |
| 4 | 獅子 | 사자 | 이과(동물) |
| 5 | 植物ノ變化 | 식물의 변화 | 이과(식물) |
| 6 | 保元平治ノ亂 | 호겐의 난, 헤이지의 난 | 역사(일본중세) |
| 7 | 古代ノ戰爭一 | 고대의 전쟁1 | 역사(일본중세) |
| 8 | 古代ノ戰爭二 | 고대의 전쟁2 | 역사(일본중세) |
| 9 | 太平ノ曲 | 태평곡 | 국민 |
| 10 | 鯨獵 | 고래잡이 | 이과(동물) |
| 11 | 廣島 | 히로시마 | 지리(일본) |
| 12 | 鹿谷ノ軍評定 | 시카타니의 군 작전회의 | 역사(일본중세) |
| 13 | 空氣 | 공기 | 이과(물리) |
| 14 | 植物ノ睡眠 | 식물의 수면 | 이과(식물) |
| 15 | 源賴政兵ヲ起ス | 미나모토노 요리마사의 거병 | 역사(일본중세) |
| 16 | 渡邊競ノ話 | 와타나베 기오의 이야기 | 역사(일본중세) |
| 17 | 水ノ作用 | 물의 작용 | 이과(물리) |

| 단원 | 단원명(원제) | 단원명(한국어 번역) | 제재 |
|---|---|---|---|
| 18 | 和歌山 | 와카야마 | 지리(일본) |
| 19 | 駱駝 | 낙타 | 이과(동물) |
| 20 | 陶器ノ製法 | 도기의 제조법 | 실업 |
| 21 | 源賴朝ノ傳一 | 미나모토노 요리토모 전1 | 역사(일본중세) |
| 22 | 源賴朝ノ傳二 | 미나모토노 요리토모 전2 | 역사(일본중세) |
| 23 | 賴朝ヲ論ズ | 요리토모를 논하다 | 역사(일본중세) |
| 24 | 花ノ形狀 | 꽃의 형상 | 이과(식물) |
| 25 | 鹿兒島 | 가고시마 | 지리(일본) |
| 26 | 鳥ノ話 | 새 이야기 | 이과(동물) |
| 27 | 兵權武門二歸ス | 병권이 무가로 돌아오다 | 역사(일본중세) |
| 28 | 鎌倉時代ノ槪說一 | 가마쿠라시대 개설1 | 역사(일본중세) |
| 29 | 鎌倉時代ノ槪說二 | 가마쿠라시대 개설2 | 역사(일본중세) |
| 30 | 果實ノ話 | 과실 이야기 | 이과(식물) |
| 31 | 駝鳥 | 타조 | 이과(동물) |
| 32 | 老農ノ談話 | 늙은 농부의 말 | 기타(수신) |
| 33 | 小枝 | 잔가지 | 기타(수신) |
| 34 | 氣管及食道 | 기관 및 식도 | 이과(생리) |
| 35 | 風船ノ話 | 기구 이야기 | 이과(물리) |
| 36 | 仲國勅使トシテ小督局ヲ訪フ | 나카쿠니가 칙사로서 고고노 쓰보네를 방문하다 | 역사(일본중세) |

〈표 5〉『고등소학독본』권4 단원 구성

| 단원 | 단원명(원제) | 단원명(한국어 번역) | 제재 |
|---|---|---|---|
| 1 | 狩野元信ノ話 | 가노 모토노부 이야기 | 기타(수신) |
| 2 | 勉强 | 공부 | 기타(수신) |
| 3 | 勸學の歌 | 권학의 노래 | 기타(수신) |
| 4 | 北條泰時ノ傳一 | 호조 야스토키 전1 | 역사(일본중세) |
| 5 | 北條泰時ノ傳二 | 호조 야스토키 전2 | 역사(일본중세) |
| 6 | 氣候ノ話 | 기후 이야기 | 이과(자연) |
| 7 | 條約國 | 조약국 | 지리(세계) |
| 8 | 北京 | 베이징 | 지리(세계) |
| 9 | 鰐魚 | 악어 | 이과(동물) |
| 10 | 知識ノ話 | 지식 이야기 | 기타(수신) |

| 단원 | 단원명(원제) | 단원명(한국어 번역) | 제재 |
|---|---|---|---|
| 11 | 北條時賴ノ行脚 | 호조 도키요리의 행각 | 역사(일본중세) |
| 12 | 亞米利加發見一 | 아메리카 발견1 | 지리(세계) |
| 13 | 亞米利加發見二 | 아메리카 발견2 | 지리(세계) |
| 14 | 海狸 | 비버 | 이과(동물) |
| 15 | 寒暖計 | 온도계 | 이과(물리) |
| 16 | 桑方西斯哥 | 샌프란시스코 | 지리(세계) |
| 17 | 油ノ種類 | 기름의 종류 | 이과(식물) |
| 18 | 蒙古來寇 | 몽골 침입 | 역사(일본중세) |
| 19 | 蒙古來 | 몽골군이 오다 | 역사(일본중세) |
| 20 | 風ノ原因一 | 바람의 원인1 | 이과(자연) |
| 21 | 風ノ原因二 | 바람의 원인2 | 이과(자연) |
| 22 | 通氣 | 통기 | 이과(생리) |
| 23 | 漆ノ話 | 옻 이야기 | 실업 |
| 24 | 大塔宮 | 다이토노미야 | 역사(일본중세) |
| 25 | 節儉 | 검약 | 기타(수신) |
| 26 | 泳氣鐘 | 영기종 | 이과(물리) |
| 27 | 楠正成ノ忠戰 | 구스노키 마사시게의 충전 | 역사(일본중세) |
| 28 | 皇國の民 | 황국의 백성 | 국민 |
| 29 | 紐約克 | 뉴욕 | 지리(세계) |
| 30 | 北條氏ノ滅亡 | 호조 가문의 멸망 | 역사(일본중세) |
| 31 | 安東聖秀ノ義氣 | 안도 쇼슈의 의기 | 역사(일본중세) |
| 32 | 動物ノ天性 | 동물의 천성 | 이과(동물) |
| 33 | 楠正成ノ遺誡 | 구스노키 마사시게의 유훈 | 역사(일본중세) |
| 34 | 俊基關東下向 | 도시모토, 간토로 내려가라 | 역사(일본중세) |
| 35 | 佐野天德寺琵琶ヲ聽ク | 사노 덴토쿠지가 비파를 듣다 | 역사(일본중세) |
| 36 | 一塊ノ石 | 한 덩어리의 돌 | 이과(광물) |

### 〈표 6〉『고등소학독본』 권5 단원 구성

| 단원 | 단원명(원제) | 단원명(한국어 번역) | 제재 |
|---|---|---|---|
| 1 | 貨幣ノ必要 | 화폐의 필요 | 국민 |
| 2 | 貨幣ヲ論ズ | 화폐를 논하다 | 국민 |
| 3 | 殊勝ナル小童ノ成長シテ殊勝ナル人ト爲リタル話一 | 뛰어난 아이가 성장해서 뛰어난 사람이 된 이야기1 | 기타(설화) |

| 단원 | 단원명(원제) | 단원명(한국어 번역) | 제재 |
|---|---|---|---|
| 4 | 殊勝ナル小童ノ成長シテ殊勝ナル人ト爲リタル話二 | 뛰어난 아이가 성장해서 뛰어난 사람이 된 이야기2 | 기타(설화) |
| 5 | 足利時代ノ槪說一 | 아시카가시대 개론1 | 역사(일본중세) |
| 6 | 足利時代ノ槪說二 | 아시카가시대 개론2 | 역사(일본중세) |
| 7 | 足利時代ノ槪說三 | 아시카가시대 개론3 | 역사(일본중세) |
| 8 | コルクノ話 | 코르크 이야기 | 이과(식물) |
| 9 | 波士敦 | 보스턴 | 지리(세계) |
| 10 | 槓杆 | 지렛대 | 이과(물리) |
| 11 | 苦學ノ結果一 | 고학의 결과1 | 기타(설화) |
| 12 | 苦學ノ結果二 | 고학의 결과2 | 기타(설화) |
| 13 | 潮汐 | 조석 | 이과(자연) |
| 14 | 蜂房 | 벌집 | 이과(동물) |
| 15 | 吸子 | 흡착기 | 이과(물리) |
| 16 | 武人割據 | 무인 할거 | 역사(일본중세) |
| 17 | 咏史二首 | 영사(咏史) 2수 | 역사(일본중세) |
| 18 | 費拉特費 | 필라델피아 | 지리(세계) |
| 19 | 子ヲ奪ハレタル話 | 아이를 빼앗긴 이야기 | 기타(설화) |
| 20 | 貨幣ノ商品タルベキ價格 | 상품의 적절한 화폐가격 | 국민 |
| 21 | 貨幣鑄造 | 화폐주조 | 국민 |
| 22 | 武田信玄 | 다케다 신겐 | 역사(일본중세) |
| 23 | 貧人及富人一 | 가난한 사람과 부자1 | 기타(수신) |
| 24 | 貧人及富人二 | 가난한 사람과 부자2 | 기타(수신) |
| 25 | 日月ノ蝕 | 일식과 월식 | 이과(자연) |
| 26 | ポンプ | 펌프 | 이과(물리) |
| 27 | 上杉謙信 | 우에스기 겐신 | 역사(일본중세) |
| 28 | 咏史二首 | 영사(咏史) 2수 | 역사(일본중세) |
| 29 | 合衆國ノ鑛業 | 합중국의 광업 | 지리(세계) |
| 30 | 貨幣ハ勤勞ヲ交換スル媒介ナリ | 화폐는 근로를 교환하는 매개 | 국민 |
| 31 | 元素 | 원소 | 이과(물리) |
| 32 | 毛利元就 | 모리 모토나리 | 역사(일본중세) |
| 33 | 瓦斯 | 가스 | 이과(물리) |
| 34 | 時間ヲ守ル可シ | 시간을 지켜야한다 | 기타(수신) |
| 35 | 目ノ話 | 눈 이야기 | 이과(생리) |

〈표 7〉『고등소학독본』 권6 단원 구성

| 단원 | 단원명(원제) | 단원명(한국어 번역) | 제재 |
|---|---|---|---|
| 1 | 家僕ノ忠愛 | 하인의 충정 | 기타(설화) |
| 2 | 洋流 | 해류 | 이과(자연) |
| 3 | 織田豊臣時代ノ概說一 | 오다·도요토미시대 개설1 | 역사(일본중세) |
| 4 | 織田豊臣時代ノ概說二 | 오다·도요토미시대 개설2 | 역사(일본중세) |
| 5 | 織田豊臣時代ノ概說三 | 오다·도요토미시대 개설3 | 역사(일본중세) |
| 6 | 資本 | 자본 | 국민 |
| 7 | 熱 | 열 | 이과(물리) |
| 8 | 倫敦 ロンドン | 런던 | 지리(세계) |
| 9 | 豊臣秀吉ノ傳一 | 도요토미 히데요시 전1 | 역사(일본중세) |
| 10 | 豊臣秀吉ノ傳二 | 도요토미 히데요시 전2 | 역사(일본중세) |
| 11 | 秀吉ヲ論ズ | 히데요시를 논하다 | 역사(일본중세) |
| 12 | 꾸鞋奴 | 신발 신겨주는 노비 | 역사(일본중세) |
| 13 | 蒸氣機關 | 증기기관 | 이과(물리) |
| 14 | ステブンソンノ傳一 | 스티븐슨 전1 | 역사(세계사) |
| 15 | ステブンソンノ傳二 | 스티븐슨 전2 | 역사(세계사) |
| 16 | 價ノ高低 | 가치의 높고 낮음 | 국민 |
| 17 | 英吉利ノ商業一 | 영국의 상업1 | 지리(세계) |
| 18 | 英吉利ノ商業二 | 영국의 상업2 | 지리(세계) |
| 19 | 關原ノ戰一 | 세키가하라 전투1 | 역사(일본중세) |
| 20 | 關原ノ戰二 | 세키가하라 전투2 | 역사(일본중세) |
| 21 | 巴黎 | 파리 | 지리(세계) |
| 22 | 德川家康ノ傳一 | 도쿠가와 이에야스 전1 | 역사(일본근세) |
| 23 | 德川家康ノ傳二 | 도쿠가와 이에야스 전2 | 역사(일본근세) |
| 24 | 德川家康ノ行狀 | 도쿠가와 이에야스의 행적 | 역사(일본근세) |
| 25 | 佛蘭西ノ工業 | 프랑스의 공업 | 지리(세계) |
| 26 | 電気 | 전기 | 이과(물리) |
| 27 | 電光 | 번갯불 | 이과(자연) |
| 28 | フランクリンノ傳 | 프랭클린 전 | 역사(세계사) |
| 29 | 職業ノ選擇 | 직업의 선택 | 국민 |
| 30 | 石田三成ノ傳 | 이시다 미쓰나리 전 | 역사(일본중세) |
| 31 | 伯林 | 베를린 | 지리(세계) |
| 32 | 光線ノ屈折 | 광선의 굴절 | 이과(물리) |
| 33 | 儉約ノ戒 | 검약의 훈계 | 기타(수신) |

| 단원 | 단원명(원제) | 단원명(한국어 번역) | 제재 |
|---|---|---|---|
| 34 | 林羅山ノ傳 | 하야시 라잔 전 | 역사(일본근세) |
| 35 | 太陽系 | 태양계 | 이과(천문) |
| 36 | 理學上ノ昔話 | 이학의 옛이야기 | 이과(물리) |
| 37 | 日射力及其事業 | 태양열과 그 사업 | 이과(자연) |

〈표 8〉『고등소학독본』 권7 단원 구성

| 단원 | 단원명(원제) | 단원명(한국어 번역) | 제재 |
|---|---|---|---|
| 1 | 天然ノ利源 | 천연 이원 | 국민 |
| 2 | 德川氏ノ政治一 | 도쿠가와 가문의 정치1 | 역사(일본근세) |
| 3 | 德川氏ノ政治二 | 도쿠가와 가문의 정치2 | 역사(일본근세) |
| 4 | 月ノ話 | 달 이야기 | 이과(천문) |
| 5 | 耶蘇敎ノ禁 | 예수교의 금지 | 역사(일본근세) |
| 6 | 維也納 | 빈 | 지리(세계) |
| 7 | 顯微鏡 | 현미경 | 이과(물리) |
| 8 | 德川光圀ノ傳 | 도쿠가와 미쓰쿠니 전 | 역사(일본근세) |
| 9 | 恆星ノ話 | 항성 이야기 | 이과(천문) |
| 10 | 望遠鏡 | 망원경 | 이과(물리) |
| 11 | 熊澤蕃山ノ傳 | 구마자와 반잔 전 | 역사(일본근세) |
| 12 | 羅馬一 | 로마1 | 지리(세계) |
| 13 | 羅馬二 | 로마2 | 지리(세계) |
| 14 | 德川時代ノ風俗一 | 도쿠가와시대의 풍속1 | 역사(일본근세) |
| 15 | 德川時代ノ風俗二 | 도쿠가와시대의 풍속2 | 역사(일본근세) |
| 16 | 新井白石ノ傳 | 아라이 하쿠세키 전 | 역사(일본근세) |
| 17 | 洋學興隆 | 양학의 융성 | 역사(일본근세) |
| 18 | 聖彼得堡一 | 페테르부르크1 | 지리(세계) |
| 19 | 聖彼得堡二 | 페테르부르크2 | 지리(세계) |
| 20 | 流星ノ話 | 유성 이야기 | 이과(천문) |
| 21 | 萬物ノ元素 | 만물의 원소 | 이과(물리) |
| 22 | 世界ノ周航一 | 세계 항해 1 | 지리(세계) |
| 23 | 世界ノ周航二 | 세계 항해 2 | 지리(세계) |
| 24 | 外國交通一 | 외국과의 교역1 | 역사(일본근세) |
| 25 | 外國交通二 | 외국과의 교역2 | 역사(일본근세) |
| 26 | 伊能忠敬ノ傳一 | 이노 다다타카 전1 | 역사(일본근세) |

| 단원 | 단원명(원제) | 단원명(한국어 번역) | 제재 |
|------|------------|-------------------|------|
| 27 | 伊能忠敬ノ傳二 | 이노 다다타카 전2 | 역사(일본근세) |
| 28 | 世界ノ周航續一 | 세계 항해 속편1 | 지리(세계) |
| 29 | 世界ノ周航續二 | 세계 항해 속편2 | 지리(세계) |
| 30 | 佐藤信淵ノ傳 | 사토 노비히로 전 | 역사(일본근세) |
| 31 | 貧困ノ原因 | 빈곤의 원인 | 기타(수신) |
| 32 | 彗星ノ話 | 혜성 이야기 | 이과(천문) |
| 33 | 明治時代文武ノ隆盛 | 메이지시대 문무의 융성 | 역사(일본근대) |
| 34 | 酒ヲ節スベシ | 술을 절제해야 한다 | 이과(생리) |
| 35 | 近世ノ文明一 | 근세의 문명1 | 역사(일본근대) |
| 36 | 近世ノ文明二 | 근세의 문명2 | 역사(일본근대) |

『고등소학독본』의 편집 방침은 크게 두 가지로 나눌 수 있다. 첫 번째는 '순차적인 학습'이며, 두 번째로는 '국가주의'적 교육방침이다. 『고등소학독본』의 편집책임자인 이사와 슈지(伊沢修二)[10]는 문부성의 교과서 편집국장으로 자신의 교육 철학을 여러 권 출간하기도 하였는데, 1875년에 발간된 『교육진법(教授真法)』[11] 제3장 '학과의 순서'에서 순차적인 학습을 강조하며 "교사인 자는 먼저 유생(幼生)의 교육에 자연의 순서가 있다는 것을 아는 것이 중요하다. 만일 그 순서를 잘못하여 해가 생길 때에는 그에 대한 책망을 받아야할 것이다"[12]라고 언급하고 있다. 『고등소학독본』 서문에도 '이 책을

---

10) 1851~1917. 일본의 교육자. 문부성에 출사한 뒤 1875년 미국으로 유학을 가 음악, 이화학, 지질연구 등 다양한 학문을 공부하였다. 모리 아리노리가 문부대신이 된 이후에는 교과서 편찬에 몰두하여 국가주의적 교육의 실시를 주장하는 한편 진화론을 일본에 소개하는 등 다방면에서 활약하였다. 또한 타이완에서 일본어 교재를 출판하는 등 식민지 언어교육에도 관여하였다. 대표 저서로는 『学校管理法』(白梅書屋, 1882), 『教育学』(丸善商社, 1883) 등이 있다.

11) 1875년에 David Perkins Page의 저작을 편역해 출간된 것으로, 제3장 '학과의 순서'는 제1절 실물과, 제2절 독법, 제3절 미술, 제4절 지리학, 제5절 역사학, 제6절 습자, 제7절 작문, 제8절 생리학으로 구성되어 있고 교수요령 뒤에 질문과 답을 제시해 실제 교육현장에 적용할 수 있도록 배려한 선구적인 교육서라고 할 수 있다.

12) 太闢·百爾金士·白日(ダビッド·ペルキンス·ページ) 저, 伊沢修二 편역(1875), 『教授真

학습하는 아동은 지식이 점차 발달하게 되므로 그 제재도 이에 따라 고상(高尙)한 사항을 선택해야만 한다. 또한 언어, 문장을 가르치는 목적은 제반 학술, 공예의 단서를 여는 데 있으며, 그 제재가 점차 복잡해지는 것은 자연스런 순서이다. 고로 이 책 안에는 수신, 지리, 역사, 이과 및 농공상의 상식에 필요한 사항 등을 그 주제의 난이도에 따라 번갈아 제시하였다'라고 되어 있다. 실제로 〈표 2~8〉에서 나타나듯이 3권 이후에는 『겐페이세이스이키(源平盛衰記)』,13) 『슨다이자쓰와(駿台雜話)』,14) 『태평기(太平記)』15) 등의 고전을 제재로 한 단원을 싣는 등 난이도가 높아지고 있다.

이사와 슈지는 『고등소학독본』을 출간한 뒤 국민교육사(國民敎育社)16)를 설립하여 사장에 취임하고 '국가주의'적인 교육방침을 전면에 내세워 '교육칙어'의 보급과 수신교과서의 편찬에도 앞장섰다. 이러한 그의 교육사상은 이미 『고등소학독본』에 잘 드러난다고 할 수 있다.

만세일계(萬世一系)의 천황(天子)이 이를 잘 다스리셔 2천년 남짓 이어져오는 나라는 우리나라 밖에 없다. 우리들은 이러한 나라에 태어났으며 그리하여 오늘날 만국과 부강을 견줄 시기에 들어섰다. 따라서 이

---

法』卷之一, 25쪽.

13) 가마쿠라시대에 만들어졌으며, 1161년부터 1183년까지 20여 년간의 미나모토 가문(源氏)・다이라 가문(平家)의 성쇠흥망을 백수십 항목, 48권에 걸쳐 자세히 다룬 전쟁에 관한 이야기(軍記物語)이다.

14) 에도시대 중기의 수필집. 5권. 1732년 성립되었으며 제자들과 무사도를 고취하기 위해 나눈 이야기를 수록한 것이다.

15) 작자와 성립 시기 미상. 남북조시대의 전쟁에 관한 이야기(軍記物語)로 전 40권으로 이루어졌다.

16) 1890년 5월에 설립한 단체로 '충군애국의 원기를 양성, 알리기 위한 것'(국가교육사요령 1항)을 목적으로 했다. 山本和行(2008), 「台湾総督府学務部の人的構成について：国家教育社との関係に着目して」, 『京都大学大学院教育学研究科紀要』, 54쪽 참조.

제국의 신민인 우리들이 의무를 다하려면 오로지 힘을 다해 학문을 해야 한다.17)

위의 인용문은 『고등소학독본』의 제1권 제1과 '우리나라(吾國)'의 두 번째 문단으로 역성혁명 없이 2천 년간 지속된 일본 역사의 존귀함을 역설하며 천황의 은혜 속에 신민의 의무를 다해야 하는 시기임을 주장하고 있다. 또한 편집자가 서문에서 "아동으로 하여금 황실을 존경하고 국가를 사랑하는 지기(志氣)를 함양하는 것이 주된 목적"18)이라고 명확히 밝히고 있는 바와 같이 『고등소학독본』은 황실중심의 국가관이 충분히 반영된 교과서라고 할 수 있을 것이다.

『고등소학독본』의 내용은 〈표 2~8〉에서 보듯이 그 제재를 국민·역사·이과·지리·기타로 나누어 다루었으며, 그 중 역사는 일본고대·일본중세·일본근세·일본근대와 같이 시대별로, 이과는 식물·동물·광물·물리·자연·천문으로, 지리는 일본지리와 세계지리로, 기타는 수신·언어·설화·가정·서간·잡류로 세분화할 수 있다. 본서의 서언에 각 제재와 교육 목표에 대한 자세히 언급이 되어 있다. 즉, '국민'은 '제조 기술, 경제 원리 등은 아동이 훗날 상공인이 되었을 때 알아야 할 사항'을 다루고 있으며, 그 내용은 '군(郡), 시(市), 부(府), 현(縣), 경찰, 중앙정부의 조직부터 법률의 대략적인 것에 이르기까지의 사항은 우리나라 사람이 일반적으로 알아야 할 것이므로, 아동의 지식, 발달의 정도를 참작하여 이를 기술함으로써 훗날 국가에 대해 다해야 할 본분을 알게 되기를 기대한다'고 서술하고 있다. '역사'는 '이 나라 고금의 저명한 사적에 대해 기술함으로써 아

---

17) 『高等小學讀本』 卷1, 1~2쪽.
18) 「緖言」, 『高等小學讀本』 卷1, 3쪽.

동으로 하여금 황실을 존경하고 국가를 사랑하는 지기(志氣)를 함양을 목적으로 하고 있으며, '지리'는 '이 나라의 유명한 도부(都府), 경승지 등의 기사를 비롯하여, 우리나라와 친밀한 관계에 있는 중국, 구미 여러 나라의 대도시들의 정황을 간략하게 설명'하고 있다. 이어서 '이과'는 '초목(草木), 조수(鳥獸) 등의 특성 및 인간의 삶에 필요한 것이므로, 물리, 화학의 개요를 해설'하며, '오늘날에 있어 필요한 모든 힘, 모든 기계가 발명된 전말, 발명자의 전기(傳記) 등을 기술하여 아동이 분발하고자 하는 마음을 일으키도록 힘썼다'라고 밝히고 있다. 수신은 '소설, 비유, 속담, 전기, 시가 등을 사용해 아동의 즐거운 마음을 환기시키고, 소리 내어 읽을 때 자연스럽게 지혜와 용기의 기운을 양성하고, 순종, 우애의 정을 저절로 느끼게 하여, 아동으로 하여금 그 자신을 사랑하고 중시하며 그 뜻이 높고 훌륭해지기를 바란다'라고 밝히고 있다. 각 권의 2~3단원은 한시나 운문을 다루고 있는데, 교훈적이며 애국과 관련된 것이 많다. 이렇듯 『고등소학독본』은 일본 국민이자 동시에 근대 세계 시민으로서 갖추어야 소양에 대한 기본 지식과 덕목을 종합적으로 다룬 종합독본인 것이다.

특히, 한국에서 최초의 근대적 국어교과서로 평가받는『국민소학독본』의 저본이 바로『고등소학독본』이었다는 점은 국어학적, 교육학적, 역사학적 관점에서 간과할 수 없는 일이다. 1895년에 7월에 학부 편집국에서 편찬, 간행한 개화기 국어교과서『국민소학독본』은 우리나라 최초의 관찬(官撰) 대민 계몽교과서이다. 일본의『고등소학독본』을 참고하여 편찬하였지만, 국권이 상실될 위기에서 국권수호를 위한 애국적 인재양성의 교육 취지가 적극 반영되었으며, 조선정부가 서구의 근대문명을 국민교육의 지침으로 삼아 부국강병 및 실용적 교육을 위해 교재로 편찬하였던 것이다. 문체는 국한문 혼용체로서 총 72장 144면, 한 면은 10행, 1행은 20자로 구성되어 있으며, 형식은 장문형이고 띄어쓰기와 구두점이 없다. 총 41개 과로 그 목차는 다음과 같다.

저본인 일본의 『고등소학독본』의 구성과 내용이 거의 흡사하지만, 한국의 처지와 실정에 맞게 단원을 선별하거나 변경하는 등 취사선택을 하였으며, 내용구성은 필요한 내용을 발췌하거나 요약, 혹은 변경, 새롭게 집필하기도 하였다. 서구의 선진화된 생활과 문물, 도시에 대해 소개하고 과학적인 내용을 다룸으로써 근대화의 필요성에 대한 인식을 국민에게 심어주고자 했다. 특히 미국 관련

단원을 많이 둔 것은 미국처럼 자주부강한 나라를 만들자는 취지로 보인다.[19] 또한, 낙타나 악어 등과 같이 한국에서는 접할 수 없는 동물에 대해 소개하여 학생들의 지적 호기심을 자극하고 동시에 넓은 세계를 인식할 수 있도록 했으며, 징기스칸과 같은 인물의 소개를 통해 진취적인 정신을 함양하고자 했다. 또한 세종대왕, 을지문덕과 같은 한국의 대표적인 위인의 소개를 통해 민족의식을 고양시키고자 노력을 했다. 즉, 『국민소학독본』은 전근대에서 근대로 넘어가는 전환기에 편찬된 교과서로 근대화를 통해 대한제국의 주권을 지키고 체계적인 국민 교육을 위한 시도였다는 점에서 그 역사적 의의가 있다고 할 수 있다.[20]

『국민소학독본』의 교과적 구성은 이미 언급한 바와 같이 『고등소학독본』의 틀을 벗어나지 않으면서 많은 부분이 그대로 계승되고 있는 점은 역설적이라고 할 수 있다. 그러나 『국민소학독본』에 계승되지 않은 과의 출현으로 볼 때, 이는 지덕과 근대화사상에 관한 내용의 선택적인 계승과 그와 동반해 교과내용에 관한 재구축을 의미한다. 이와 같은 내용을 통해 한국의 근대적 국어 교과서의 성립과정 및 교육이념, 한일 양국의 근대화 사상에 대해 규명할 수 있을 것이다.

본서는 일본 쓰쿠바대학(筑波大学) 소장본을 저본으로 하여 번역작업을 하였으며, 영인과 함께 출간함으로써 교육학, 국어학, 일본어학, 역사학 등 각 분야의 연구자에게 연구 편의를 제공하여 근대 개화기 교육 및 역사, 교육사상의 실상을 밝히는 데 도움을 주고자한다. 또한 세부적으로는 근대 한일 교과서에 나타난 교육이념, 역

---

19) 학부대신 박정양의 미국견문록 『미속습유(美俗拾遺)』와 밀접한 관련성이 보인다.
20) 자세한 것은 강진호(2013), 「국어과 교과서와 근대적 주체의 형성: 『국민소학독본』 (1895)을 중심으로」, 『국제어문』 58, 국제어문학회 참조.

사관, 세계관에 대해 종합적이고 다각적인 검토를 가능하게 할 것
이며, 나아가 근대 한일 양국 간의 관계를 재조명하는 데 일조할
수 있으리라 믿는다.

역자 성윤아·권희주·이현진

# 차 례

(역주)
고등소학독본 권5

高等小學讀本

五

# 제1과 화폐의 필요

오늘날 세상에서 화폐를 사용하는 이유는 물건의 교역을 편하게 하기 위해서이다. 물건을 화폐로 바꾸는 것을 '판다'라고 하고, 화폐를 물건으로 바꾸는 것을 '산다'라고 한다. 예를 들어 한 모자 상인이 자신의 상품인 모자를 팔아 화폐를 얻고 그 화폐로 쌀가게 상품인 쌀을 산다면 이는 곧 모자와 쌀을 교역한 것이 된다. 그러므로 화폐는 이러한 두 상품을 교역하는 관계에서 매개 역할을 한 것뿐이다.

하지만 이는 간접적 수단이기 때문에, 모자 상인이 화폐를 사용하기보다는 모자를 직접 쌀로 바꾸는 것이 오히려 간편할 것이라고 생각하는 사람이 있을 것이다. 이는 일리가 있다. 원래 교역은 물건과 물건을 교환하는 것이기 때문에 태곳적 사람들은 모두 직접 물건을 교환했었다. 그러나 사람들의 교제가 뒤섞여 점점 복잡해지고 필요한 물건도 증가하여 이러한 옛날식 교역은 실제 불가능하다. 이 세상에 화폐의 유통이 전혀 없다고 한번 생각해보자. 그렇다면 사람들의 교역은 어떻게 이루어질까?

여기 모자 상인이 있다. 쌀을 얻길 원해서 모자를 가지고 근처 쌀가게에 가서 "나에게 쌀 한 말을 주시오. 나는 그 대신에 당신에게 이 모자를 주겠소."라고 하였으나, 쌀 장수가 "나는 지금 모자가 필요하지 않소. 내가 필요한 것은 한 켤레의 버선뿐이요."라 대답하여, 모자 장수의 요구에 응하지 못할 때는 어찌해야 할까? 이 경우에는 모자 장수가 버선 가게에 가서 모자를 버선으로 바꾸고 다시 그 버선을 쌀가게에 가지고 가면 된다고 대답하는 사람이 있을 것이다.

그런데 버선 장수 또한 쌀장수처럼 모자가 필요 없다면 어찌해야 할까? 그때는 버선 장수에게 필요한 물건을 물어보고, 다시 그 물건과 모자를 바꾸길 원하는 사람을 찾아서 교역하면 되리라 생각하는 사람이 있을 것이다. 만약 정말로 이러한 모자 장수가 있다면, 그 사람은 인내력이 강한 사람이라 해야 할 것이다. 그가 처음에 쌀가게에 갔을 때 쌀장수는 모자가 필요하지 않았다. 다시 버선 가게로 갔지만 버선 장수 역시 모자가 필요하지 않았다. 된장 가게, 간장 가게, 과일 가게 역시 그렇다면 다시 면직물 가게, 쌀가게 등으로 분주하게 돌아다녀야만 한다. 이처럼 겨우 쌀 한 말을 얻기 위해 이곳저곳을 분주하게 뛰어다닌다면 얼마나 큰 노력과 시간이 허비되겠는가? 그러므로 화폐를 사용하는 교역은 더없이 간편하고 직접 물건을 교환하는 것이 오히려 불편하고 힘든 이유는 자명하다.

그러나 만약 모자 장수에게 쌀이 필요하고 쌀장수에게는 모자가 필요하다면, 그에게 필요한 물건을 내가 갖고 있고 내게 필요한 물건을 그가 갖고 있어 그와 내게 필요한 것과 가진 것이 마침 서로 일치한다면, 화폐 없는 교역도 가능하겠지만 여전히 불편한 점이 없지 않다. 예를 들어, 지금 쌀 한 말의 가격은 80전이고, 모자 역시 80전이라면 쌀 한 말과 모자 한 개를 교역하기 위해 화폐를 사용하지 않아도 전혀 불편하지 않을 것이다. 그러나 모자 장수에게 쌀 두 되升가 필요한 경우에는 어찌해야 할까? 즉 쌀 두 되의 가격은 16전으로, 모자 한 개를 다섯 개로 나눈 것 중 한 개에 해당한다. 그러나 모자를 다섯 개로 나눈다면 실제 사용하기 어려울 것이다. 그러므로 각자 필요한 것과 가진 것이 서로 잘 맞아도 화폐 없는 교역이 불가능할 수 있다. 이처럼 화폐를 사용하지 않아서 생기는 불편과 어려움이 크다는 사실을 이해한다면 화폐의 효용은 따로 설명하지 않아도 자명해질 것이다.

물건의 교역은 이처럼 불편과 곤란을 일으키기 때문에, 물건 중에서 귀중하여 여러 종류의 물건과 교환하기 적당한 것을 선택하고 교역의 매개로 삼아 불편과 곤란을 해소하게 되었다. 오늘날 일반적으로 사용하는 금, 은, 동의 화폐가 바로 이것이다. 그러나 화폐 역시 모자, 버선과 같이 상품이라고 부르듯이 하나의 상품인 것이다. 생각건대, 금, 은, 동을 채굴하기 위해서는 광부의 노력이 필요하고 이를 운반하고 제조하기 위해 무수히 큰 노력을 거쳐야만 비로소 하나의 화폐가 되는 것이기 때문에, 화폐는 모든 물건 중에서 특히 귀중한 상품이다.

# 제2과 화폐를 논하다

『경제록』[1]에서 말하기를 당대의 은화는 국초国初*이래 2종류가 있었는데, 첫 번째는 은정銀錠이고 두 번째는 쇄은碎銀이다. 은은 4전 3푼을 1냥으로 한다. 쇄은은 크기가 동일하지 않고 무게가 2~3푼부터 4~5전에 이른다. 그 형태가 콩과 같아서 이를 흔히 콩알은화豆板[2]라 한다. 은정은 10냥을 1정挺으로 하고 무게가 43전이며 보통 정은挺銀이라 부른다. 덩어리 크기에 차이가 있어 무게가 정확히 10냥은 아니며, 정은과 쇄은에 있어 은의 아름다움에 차이가 있는 것은 아니지만 정은을 쇄은으로 바꾸려면 반드시 정은 쪽에서 환전수수료兌銭*를 내야 한다. 타원형 금화板金*를 보금步金*으로 바꾸는 것처럼 그 편리함과 불편함 때문이다. 도쿠가와 막부 초기의 은화는 순은이었는데, 겐로쿠元禄 개조[3] 때 은, 납, 주석을 섞어 그 수를 늘렸다. 무늬로 원元이라는 글자를 새겨 넣어 이를 겐로쿠 신

---

1) 1729년 다자이슌다이(太宰春台)가 집필한 경제서이다. 경제총론뿐 아니라 천문, 지리, 제도, 법령 등 정치론에 전반에 관해서도 논하였다.
2) 에도시대에 사용된 콩알만 한 은화를 가리키는 말로, 마메이타긴(豆板銀)의 약어이다.
3) 에도막부가 겐로쿠 8년(1695년)에 재정난, 금은 채굴량의 감소 등에 대처하기 위해 은화의 질을 떨어뜨려 개주(改鑄)한 것을 말한다.

은元禄新銀이라 불렀다. 게이초慶長(1596~1615) 시기의 옛 은화에 비해 색이 조금 연하다. 이 화폐를 국내에서 사용하면서 게이초 은화의 사용이 중지되었는데, 이 화폐는 순은이 아니기 때문에 위조하는 사람이 생겨나 백성 중에는 속는 자가 많았다. 새로운 은화 주조는 끝나지 않았다. 호에이寶永(1704~1710) 연간에 다시 국비가 부족해지자, 화폐의 수를 늘리기 위해 동, 납, 주석의 양을 늘리고 보寶라는 글자를 무늬로 새겨, 호에이 신은寶永新銀이라 칭했다. 이후 겐로쿠 은화 사용을 중지하고 호에이의 새로운 화폐를 시행했다. 겐로쿠 은화와 비교해 색이 검고 납과 같아서 백성들은 이를 천히 여겼다. 그런데도 새로운 은화 주조는 계속되었다. 이후 잡물을 더욱 늘리고 보寶라는 글자 두 개를 무늬로 새겼으며 색은 더욱 나빠졌다. 백성들은 이를 더욱더 천시했다. 그래도 여전히 끝나지 않았다. 그 후 잡물을 더욱 늘리고 보寶라는 글자 세 개를 무늬로 새겨 넣었다. 그 후 또다시 잡물을 늘리고 보寶라는 글자 네 개를 무늬로 새겼다. 호에이 시기에만 4번 만들어진 은화를 민간에서는 히토쓰호一っ寶, 후타쓰호二っ寶, 밋쓰호三っ寶, 욧쓰호四っ寶[4]라고 불렀다. 욧쓰호四っ寶에 이르러서는 색이 검고 녹까지 생겼으며 은의 성질을 다 잃어버려 납, 주석과 조금도 다를 바가 없었다. 백성들은 이를 흙과 돌처럼 천시했다. 막부 초기의 은화는 60전을 금 1냥으로 환산하고 1전을 엽전銅錢 70~80문文으로 환산하는 것이 일반적이었으나, 밋쓰호三っ寶, 욧쓰호四っ寶와 같이 품질이 나쁜 은화로 바뀐 뒤에는 바로 크게 줄어 80전을 금 1냥으로 환산하고, 1전을 엽전 40문으로 환산했다. 상황이 이에 이르자 백성들의 근심이 깊어졌다. 동쪽 지역은 주로 금화와 엽전을 사용하고 은화를 사용하는 일

---

4) 보(寶) 1개, 보(寶) 2개, 보(寶) 3개, 보(寶) 4개라는 의미이다.

은 극히 드물었기 때문에 품질 나쁜 은화의 피해가 적었다. 교토京都부터 시작되는 서쪽 지역은 오로지 은화만을 사용했기 때문에 품질 나쁜 은화의 피해가 매우 컸다. 위조 또한 많아서 백성들의 근심이 더없이 깊어졌다. 문묘文廟*께서 대통을 이으신 뒤 이를 크게 걱정하시어 겐로쿠 이후의 5등급의 품질 나쁜 은화를 없애고 막부 초기의 옛 화폐故幣로 돌아갈 것을 논의하셨다. 결국, 관리에게 명하시어 예전 화폐와 같이 순은의 새로운 화폐를 만들게 하셨다. 1712년(쇼토쿠正德 2년)부터 점차 새로운 은화가 세상에서 사용되게 되었다. 그 값은 예전 화폐와 같이 1전을 욧쓰호四つ寶의 4전으로 환산한다. 밋쓰호三つ寶, 후타쓰호二つ寶, 히토쓰호一つ寶, 겐로쿠 은화까지의 4등급은 그 색의 우열에 따라 은을 조금씩 보태어 신화폐로 개주하였다. 신화폐의 양이 전국에서 사용할 정도로 충분하지 않았기 때문에 5등급의 품질 낮은 은화를 여전히 폐지하지 못하고 신화폐와 함께 사용했다. 단 한 종류의 은화에도 좋고 나쁜 여섯 가지의 등급이 있고 그 값도 조금씩 달라 백성들은 이를 무척 힘들어했다. 교호享保(1716~1735) 연간 초에 새로운 법령을 공포하여 겐로쿠 이후의 품질 낮은 은화를 모두 폐지하고 오로지 신화폐만을 사용하게 하셨다. 이때 국내의 은화가 감소하여 4분의 1이 되었기 때문에 백성들은 무척 괴로워했다. 그렇지만 몇 년을 거쳐 새로운 은화가 전국에 유포되었고, 백성들의 괴로움 역시 점점 사라져 어느새 막부 초기의 상태로 회복되었다. 이 역시 뛰어난 바른 정치라 할 수 있다.

한 나라의 힘은 화폐의 제도에 기인하는 경우가 많다. 화폐가 국내에 통용되는 것은 혈액이 인체를 순환하는 것과 같은 이치이다. 그러므로 그 품질의 좋고 나쁨과 유통의 소통과 정체는 나라의 기운에 관계되는 부분이 적지 않다. 따라서 화폐 제도는 한 나라에

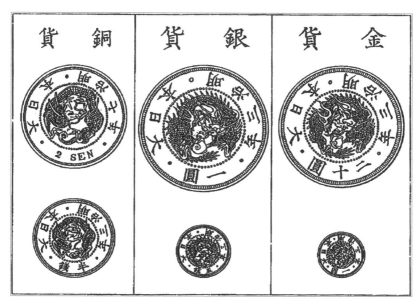

화폐

있어 등한시할 일이 아니다.

화폐의 품질이 조악하거나 혹은 그 분량이 일정하지 않을 때는 위조하는 자가 많이 생긴다. 그렇게 되면 국민 모두 화폐를 매우 싫어하거나 의심하여 결국 유통의 길을 막게 된다. 전술한 『경제록』의 작가 다자이 준太宰純[5] 씨가 이러한 일들에 대해 고심하며 화폐의 폐해를 기술한 것은 지당한 일이라 해야 할 것이다. 그 무렵에는 봉건시대의 관습으로 인해 서쪽 다이묘大名[6]와 동쪽 다이묘의 정치, 행정이 각기 달랐다. 게다가 지역 간 왕래도 빈번하지 않았기 때문

---

5) 에도시대 중기의 유학자이며, 호는 순다이(春台)이다. 『경제록(經濟錄)』, 『경제록습유 (經濟錄拾遺)』, 『논어고훈(論語古訓)』 등 많은 저서를 지었다.

6) 에도시대의 다이묘는 쇼군에게 예속되어 있고 영지 1만 석 이상의 통치권을 인정받은 무사를 말한다.

에, 화폐의 피해 역시 지역에 따라 차이가 있었다. 이는 다자이씨가 상세히 논한 바와 같다. 일본 전국의 화폐라는 관점으로 논할 때는 단지 한 지역의 문제점이라고 해도 그 폐해는 다자이 씨가 말한 대로 실로 놀랄 만할 것이다. 그렇지만 그때는 이 나라만의 일이었기 때문에 그 폐해의 범위가 작았지만, 만약 만국이 통상하는 오늘날이라면 과연 어떻게 되겠는가. 이는 본디 다자이 씨의 시대와 같은 관점에서 논해서는 안 된다. 모든 화폐는 일종의 상품으로서 그 값에 차이가 있다는 것이 다른 상품과 조금도 다를 바 없다. 그러므로 품질이 조악하면 그 값은 반드시 다른 상품보다 떨어지게 되고 구매량 역시 줄어 교역의 매개로서의 효용성도 잃게 될 것이다. 만약 이때 다른 품질 좋은 화폐가 있어서 조악한 화폐와 함께 통용된다면 조악한 것만 그 나라에 남고 품질이 좋은 것이 모두 다른 나라로 옮겨가게 될 것이며, 이는 상품이 수요가 있는 곳으로 흘러 들어가는 것과 같은 이치이다. 만약 실로 이처럼 된다면 그 폐해에 대한 슬픔과 탄식이 처음 다자이 씨의 우려에 비할 바 아닐 것이다.

그러나 오늘날 우리나라에서도 구미 여러 나라의 제도를 참작하여 화폐 제도를 정하게 된 것은 치세의 업적이라 해야 할 것이다. 오늘날의 화폐 제도에 대해 간단히 설명하면, 금, 은, 동 세 종류가 있다. 금화는 20원, 10원, 5원, 2원, 1원의 다섯 종류로 모두 금 9할, 동 1할의 배합으로 만든다. 그 중에서 1원짜리 금화의 중량은 4푼 4리 3모 68로 나머지도 모두 이에 준한다. 은화는 1원, 반원, 20전, 10전, 5전의 다섯 종류로 1원짜리 은화의 배합은 은 9할, 동 1할로 중량은 7돈짜 1푼 7리 6모이다. 반원 이하의 배합은 은 8할, 동 2할로 반원의 중량은 3돈 3푼 2리 9모 25이다. 나머지는 모두 반원에 준한다. 동화는 2전, 1전, 반전, 1리의 네 종류로 그 중량은 1리가 2푼 4리 1모 5, 반전은 9푼 4리 8모 75, 1전은 1돈 8푼 9리 7모 5이며, 2전은 3돈 7푼 9리 5모이다.

우리나라에서 제정된 화폐는 이처럼 품질, 정량이 모두 좋아서 위조 화폐의 방지는 물론 세계 만국에 통용되어도 전혀 손색이 없다. 이는 메이지 성대聖代의 덕분으로 우리 국민 중 누가 이 성업을 우러러보지 않을 것인가?

---

*국초(国初): 도쿠가와 막부 초기를 말한다.
*환전 수수료(兌錢)
*판금(板金): 타원형 금화(小判)의 한 종류이다.
*보금(步金): 니부킨(二步金)⁷⁾ 등을 말한다.
*정은(挺銀): 조긴이라 부르며 해삼의 모양을 한 은으로, 옛날에는 이것이 널리 쓰였다.
*문묘(文廟): 도쿠가와 이에노부(德川家宣)로 시호는 분쇼인(文昭院)이라 한다.

---

7) 에도시대 금화의 한 종류로 1량의 2분의 1에 해당한다.

# 제3과 뛰어난 아이가 성장해서 뛰어난 사람이 된 이야기 1

　일찍이 에도의 레이간지마靈嚴島에 모로사키 쇼우에몬諸崎庄右衛門이라는 쌀 도매상 부호가 있었다. 어느 날 쇼우에몬은 이세노쿠니伊勢國 와타라이군度會郡의 다이진구大神宮에서 참배하고 돌아오는 길에 도토미노쿠니遠江國 사야佐夜의 나카야마中山를 지나다 지역 명물인 꿀떡飴の餠8)을 사서 먹고 있었는데, 아이 2~3명이 그 옆에 모여들었고 그 떡을 무척 먹고 싶어 하는 듯 보였다. 쇼우에몬은 인정 많은 사람이었기 때문에 떡을 대여섯 개 집어 아이들에게 나누어 주었는데 그 중 한 아이가 떡을 사양하고 아이들에게서 떨어진 곳으로 가더니 걸상에 기대어 "그것참, 남의 남긴 음식을 탐하여 먹고 입맛을 다시다니 대체 어찌 된 아이들이람."이라고 혼잣말을 하였다.

　쇼우에몬은 이 아이의 행동에 감탄하였고 마음속으로 평범한 아이가 아니라고 생각했다. 이와 같은 생각을 하며 잠시 바라보니, 이 아이가 어린아이를 등에서 땅으로 내려놓고 돌봐주는 모습이 다른 아이들에 비해 무척 사려 깊었다. 쇼우에몬은 더욱더 이 아이의 행동에 감탄하여 떡 가게 주인에게 이 아이가 어느 집 아이인지

---

8) 에도시대 나카야마 지역 명물로 구운 떡에 물엿을 곁들인 것이다.

를 물었다.

주인이 답하기를 "이 아이는 원래 산 저편에 살던 가쓰스케勝助라는 농부의 아들인데 아비는 이미 죽었고, 요즘 이 부근의 기근이 심하여 제가 살림이 어려운 백성들을 돕기 위해 여기저기 힘을 쏟다가 이 아이를 다른 네다섯 아이와 함께 우리 집에 거두게 되었지요. 그런데 이 아이는 보통 아이들과 많이 달라 아내가 물건을 어지르거나 하면 모두 정리하는 습관이 있습니다. 이러한 습관은 그의 아버지로부터 물려받았을 겁니다. 또 세 번의 식사 이외에는 어떤 음식도 먹으려 하지 않고 특히 다른 사람이 남긴 음식 먹는 것을 불편해합니다. 자신이 맡은 일을 하기 위해서는 착실히 주의를 기울이고 입을 열면 좋은 말만 하고 나쁜 말을 하는 일이 없습니다."라고 하였다.

쇼우에몬은 이야기를 모두 듣고는 그저 이 아이를 거두고 싶다는 생각이 들어 주인에게 아이와 함께 가도 되는지 물었는데, 그가 대답하기를 "아이의 어머니와 형이 허락하지 않는다면 이 아이는 행복하지 않을 겁니다. 제가 바로 그들과 상의를 하겠습니다."라며 그 집에 가서 그들에게 지금까지의 사정을 자세히 알렸다.

그들은 어려운 형편이었기에 그의 소망을 기꺼이 받아들였고, 떡 가게 주인과 함께 쇼우에몬이 기다리는 곳으로 와서 아이를 거두어 달라고 간절히 부탁했다. 이리하여 쇼우에몬은 아이를 거두게 되었는데, 나카야마에서 처음 봤다고 하여 이름을 나카요시中吉로 바꾸고는 마침내 에도로 데리고 돌아갔다.

이 소년은 10년간 지극히 성실하게 쇼우에몬을 모셨다. 하지만 주인의 잘못을 보게 되면 그것이 어떤 일이든 간언을 하였는데, 간언이 여러 번 거듭되자 속담에서 말하듯 '충언은 귀에 거슬리는 법'이라 쇼우에몬도 결국 그 간언이 듣기 싫어져 이젠 참지 않겠다고 마음을 먹고는 나카요시를 해고하였다.

　이리하여 나카요시는 20살의 나이에 주인집에서 쫓겨나 자력으로 살아가야 하는 상황이 되었다. 그는 스스로 생계를 꾸리기 전에 먼저 친구 집에 잠시 머물렀다.

　무릇 사람이란 금전에 여유가 있으면 사치하고 방탕해지는 법이다. 쇼우에몬도 원래는 의복과 음식을 절약하였으나 점차 낭비를 일삼게 되어 아름다운 정원이나 애첩을 위한 아름다운 집을 짓고, 다도회를 위한 다실을 짓거나 땅 한자리를 마련하여 축국 대회를 열기도 했다. 게다가 점차 집안일에 신경을 쓰지 않았으며 하인들을 박대하여 결국 하인들은 주인의 이익과 손해를 경시하고 사리에만 급급하게 되었다. 그들 모두 이 기회를 타 주인의 재물을 탐내 노략질을 했기 때문에 주인은 홀로 의지할 곳 없이 파산에 이르게 되었다.

　이러한 상황에 이르러 쇼우에몬은 더는 에도에 거주할 수 없게 되어 사카사이逆#라는 곳에 은거하게 되었고, 집안 대대로 물려받은 물건 등을 팔아 만든 약간의 돈으로 3년간 생활하였다. 그러다 갖고 있던 돈까지 다 쓰게 되었고 거처를 수리해야 하는 상황에도 이를 수리하지 못하는 처지가 되었다. 또한, 좋아하던 사치와 반대되는 갑작스러운 빈고에 시달리는 바람에 병까지 얻었고, 나날이 쇠약해져 이제 죽음이 가까이 온 듯 보였다. 그러나 새롭게 이 마을에 와서 살면서 알게 된 사람이 없었기 때문에 누구 하나 그를 도와주는 이가 없었다.

# 제4과 뛰어난 아이가 성장해서 뛰어난 사람이 된 이야기 2

이때 나카요시中吉는 에도에서 안마 일을 하며 살고 있다가 옛 주인의 몰락한 상황에 대해 들었는데, 그 은혜를 생각하여 사카사이逆井로 가서 그를 찾아뵙는 것이 자신의 도리라고 생각했다. 이에 즉시 그를 찾아가 병세를 보고는 다시 모시게 해 달라고 청했다.

쇼우에몬庄右衛門은 이를 기꺼이 받아들였고 나카요시는 정성을 다해 그를 간호했지만, 돈이 많이 들어 간호를 하면서도 항상 일해야 했다. 즉 낮에는 채소를 팔고 밤에는 안마를 해서 주인을 위한 약, 음식 구할 돈을 번 것이다. 그는 누구보다도 극진히 환자를 예우했다. 여름날에는 잠자리를 부채질하여 병상을 시원하게 하고 겨울날에는 자신의 몸으로 주인을 따뜻하게 하였고, 자신은 항상 좋지 않은 음식을 먹으면서도 환자에게는 자양분이 많은 음식을 바쳤다. 이처럼 모든 곳에 주의를 기울인 덕분에 쇼우에몬의 병세는 차츰 나아져 다시 걸을 수 있게 되었다. 이를 본 나카요시는 가진 돈 중 금 다섯 량을 꺼내어 쇼우에몬에게 주며 "소자 다른 곳에 가서 계획한 일을 하고자 한동안 휴가를 청합니다. 이 다섯 량을 가지고 소자가 돌아올 때까지 스스로 생계를 유지하십시오."라고 했다.

나카요시가 주인의 병을 간호하다

　쇼우에몬은 이를 거절하며 "여행을 하려면 돈이 필요할 터이니 이것을 가지고 가거라."고 하였다. 나카요시는 "아닙니다. 소자가 배워 익힌 안마의 기술이 여행 중 제 한 몸을 지탱하게 해 줄 자본이 될 것입니다."라고 하며 주인의 말을 거절하고 떠났다.

　나카요시는 먼저 고향으로 돌아가 한 절에서 참배하였는데 그 절의 본존이 자육관음子育観音이었다. 바로 관음을 향해 쇼우에몬을 예전의 기세 당당한 모습으로 회복시켜 주시기를 빌었다. 이때 와카和歌를 지어 절의 사람들 눈에 띄기 쉬운 곳에 붙여 놓았는데, 그 내용이 다음과 같다.

　　세상에 나오지 않고는 또 넘을 수 없으리.
　　나를 위한 생명이 되리라, 사야의 나카야마

이후 나카요시는 사야의 나카야마를 떠나 오사카大坂로 가 예전에 쇼우에몬의 지배인이었던 두 사람을 만났는데, 이들 모두 왕성하게 장사를 하고 있었다. 하지만 쇼우에몬에게 훔친 돈으로 재산을 늘렸기 때문에 그의 궁곤한 처지를 돕고자 하는 마음이 없었다. 따라서 나카요시는 이들에게 도움을 받으려 했던 뜻을 이루지 못하고, 그 지역의 도지마堂島라는 곳을 배회하며 안마로 돈을 벌면서 생애 큰 목적을 달성하는 데 도움이 될 만한 사람을 만나길 바라고 있었다. 이윽고 가까운 이웃이었던 미곡상 아무개가 그의 영리함을 알아차리고 그를 고용하게 된다.

나카요시는 한동안 상인을 모신 뒤 자신의 이력과 앞으로의 계획에 대해 상세히 아뢰었다. 상인은 그의 뜻을 칭찬하였고, 또 쇼우에몬이 실제로 다년간 미곡상 일을 해왔던 사람이기에 그가 업무를 맡는 것이 매우 적절하다고 판단하고 나카요시의 청을 즉시 받아들여 쇼우에몬을 오사카로 불러오게 하였다.

그래서 나카요시는 쇼우에몬이 사는 곳을 향해 출발하였고 곧 그를 오사카로 데리고 와 이곳에서 거주하게 하였다. 그러자 쇼우에몬은 점차 예전의 일솜씨를 회복하였고 미곡상도 그를 무척 좋아하게 되었다. 결국, 쇼우에몬은 미곡상과 힘을 합쳐 사업을 해 다시금 약간의 재산을 모으게 되었다.

이 두 사람은 나카요시가 자신들에게 이바지한 공로를 불후의 기념으로 남기기 위해 사각형 안에 나카요시의 이름 중 한 글자를 써서 ⊕를 그 상점의 기장記章으로 삼았다. 이 기장은 오늘날에도 오사카의 상점에 사용하는 이가 있다고 한다. 나카요시는 쇼우에몬의 장녀를 아내로 맞아들여 쇼베에庄兵衛로 개명했다고 한다.

# 제5과 아시카가 시대[9] 개론 1

아시카가 다카우지足利尊氏는 가마쿠라에 막부를 열고 스스로 정이대장군이 되어 조정을 배신하였는데, 이는 대역무도한 일이자 천하의 민심을 따르지 않는 일이었다. 또한, 그는 고묘光明 천황을 옹립한 뒤 스스로 교토에 머물며 보좌하여 양쪽의 황통이 서로 다투는 형세를 만들었다. 이리하여 우리나라에 처음으로 두 명의 천황이 양립하게 되었는데 이를 남조南朝, 북조北朝라 한다. 결국, 다카우지의 손자인 요시미쓰義光가 정통성* 다툼을 벌여서는 안 된다는 것을 깨닫고 남조에 화친을 청했기에 고카메야마後亀山 천황께서는 삼종 신기를 북조의 고코마쓰後子松 천황께 물려주셨고 남북이 비로소 하나가 되어 황위 무강의 기반을 공고히 하게 되었다. 그러나 아시카가 시대는 치세가 짧고 난세가 지속되었다. 특히 요시마사義政 쇼군 시절 오닌応仁의 난이 일어나 야마나 모치토요山名持豊와 호소카와 마사모토細川政元가 교토에서 전쟁을 벌였고 여러 지방의 다이묘들이 서로 편을 나눠 이를 지원하였는데 십여 년간 전투가 끊

---

9) 아시카가 가문이 교토 무로마치에 막부를 열고 정권을 장악하던 시대를 말하며, 무로마치 시대라고도 부른다.

이지 않아 실로 우리나라에서 유례를 찾아볼 수 없는 난세였다. 아시카가 정권의 명령은 처음부터 잘 이행되지 않았는데, 이 난을 계기로 명을 받드는 자가 더욱 줄어들어 결국 요시아키義昭 대에 멸망하게 된다. 아시카가 가문은 다카우지 때부터 이때까지 238년간 15대에 걸쳐 정권을 장악했다.

아시카가 막부에는 간레이管領를 두어 정치를 통솔하게 하였는데, 시바斯波, 호소카와細川, 하타케야마畠山 세 가문이 번갈아 가며 임명을 받아 이들을 산간레三管領라 칭했으며, 사무라이도코로侍所의 도닌頭人은 막부를 지켜 보호하고 죄인을 검단하는 등의 업무를 보았는데, 아카마쓰赤松, 잇시키一色, 야마나山名, 교고쿠京極의 네 가문에서 임명을 받아 이들을 시시키四職라 칭했다. 또한, 여러 지역에 슈고守護를 두어 백성을 다스렸는데 작게는 한 지역, 혹은 지역의 반을 지배하고, 넓게는 2~3개 지역을 지배하였으며, 가장 넓은 곳의 슈고는 11개 지역을 지배하여 그 토지가 일본 전체의 6분의 1에 달했다. 슈고는 모두 세습되는 것으로, 훈공에 따라 임명되었다. 막부 초 다카우지는 자신이 한 일이 민심을 거스르는 일인 것을 알았기 때문에 애써 민심을 얻고자 하였다. 일을 맡기면 의심하지 않았으며 금과 비단 보기를 돌과 같이하였고 많은 토지를 장병들에게 나누어 주었더니 결국 머리보다 꼬리가 더 커지는 지경에 이르렀다. 추측건대 아시카가 가문의 말년에는 마쓰나가松永 가문이 미요시三好 가문의 부하이지만 미요시보다 토지가 많았고, 미요시는 호소카와細川 가문의 부하이지만 호소카와 가문보다 토지가 많았으며, 호소카와는 아시카가 가문의 부하이지만 아시카가보다 토지가 많았을 것이다. 아시카가 때에 이미 그렇게 된 것이다. 이 때문에 황실의 세력은 매우 쇠하였으며 지체 높은 관리는 영지를 무사에게 잠식당하여 곳곳을 떠돌아 위아래로 평안한 자가 없었다.

---

*정통성(正閏): 올바른 황위와 그렇지 않은 황위를 말한다.

# 제6과 아시카가 시대 개론 2

　당시 농민은 전쟁에 내몰리고 벼를 베야 했으며 불법 세금 징수로 안정된 삶을 살지 못해 동서로 흩어졌고 곳곳의 논밭은 황폐해졌다. 따라서 어쩔 수 없이 쟁기와 가래를 내던지고 방패와 창을 들어 쓰치잇키土一揆라 칭하는 봉기를 일으키는 자들이 있었다. 또한, 몽골이 침범해 온 이후 무역을 위해 상선이 중국에 오가는 일은 있어도 관선이 다니는 일은 오랫동안 없었는데, 요시미쓰義満10)때에 명나라의 감합부11)를 얻어 중국과의 무역이 활발해졌다. 그리고 이즈미和泉의 사카이우라堺浦가 출입항이 되어 여러 지역 상인들이 많이 모여들었고, 이곳이 크게 번성하여 일본 전국 역시 이로인해 적지 않은 이득을 보았다. 이런 상황 속에서도 큰 곤란을 겪던이는 술집과 쓰치쿠라土倉의 상인이었다. 술집은 술을 파는 곳이고 쓰치쿠라는 전당포이다. 요시마사義政12) 때에는 3개월간 쓰치쿠라에 세금을 17회 부과했으며, 임기 동안 덕정德政을 13회나 실시하였

---

10) 무로마치 막부의 3대 쇼군인 아시카가 요시미쓰(足利義満)이다.

11) 명나라 조정이 왜구와의 밀무역을 막기 위해, 다른 나라에 무역선의 증표로 사용하도록
　　나누어준 표찰이다.

12) 무로마치 막부의 8대 쇼군인 아시카가 요시마사(足利義政)이다.

다. 덕정이란 공적 사적 채무를 면제해 주는 것으로 부호들에게는 적잖은 피해를 주었다. 따라서 당시 대차 증서에는 반드시 덕정에도 약속을 바꾸지 않는다는 문장을 써넣었다. 그러나 무뢰한들은 툭하면 덕정을 구실로 터무니없는 말을 하며 부호의 집을 부수고 재산을 강탈했기 때문에 쓰치쿠라는 대부분 파산에 이르렀다.

전쟁, 천재지변으로 문학은 크게 쇠퇴하여 결국 승려들의 손에 넘어가게 되었지만, 기술은 크게 진보하였고 특히 전쟁으로 인해 흥한 이가 적지 않았다. 칼과 창의 기술은 이자사 이에나오飯篠家直, 가미이즈미 노부쓰나上泉信綱가, 활 쏘는 기술은 헤키 마사쓰구日置正次가, 마술馬術은 오쓰보 도젠大坪道禅, 하치조 후사시게八条房繁가 모두 새롭게 발명한 바가 있어 후세에 이러한 기술에 대해 언급하는 자는 모두 이들을 사표師表라 불렀으며, 불령한 자들이 중국을 침범할 때마다 이들이 쌍수도를 휘두르며 무찔렀기 때문에 그들의 기법은 결국 중국에 전해지게 되었다.

무술이 발전하여 무기공 중에도 유명한 사람이 많았다. 도공刀工으로는 오카자키 마사무네岡崎正宗가 있으며 안공鞍工[13]은 오쓰보 도젠大坪道禅, 투구와 칼 코등이[14]를 만들던 묘친 노부이에明珍信家가 있다. 또한 고토 유조後藤祐乗는 금속공예 실력이 뛰어났기 때문에 사람들은 그가 조각한 칼자루 쇠못目貫,[15] 고즈카小柄,[16] 고가이 笄[17]를 가리켜 더없이 중요한 보배라 하였다. 당시 무역에서 중국

---

13) 말의 안장을 만들고 수리하는 직공이다.

14) 칼자루와 칼 사이에 끼워서 손을 보호하는 쇠테이다.

15) 칼자루에서 칼이 빠지지 않도록 칼자루와 칼의 구멍에 끼우는 못이다.

16) 칼집 바깥쪽에 끼워 일상 용도로 사용하는 작은 칼을 말한다.

17) 칼집에 꽂아 넣는 가늘고 납작한 도구이다. 투구를 썼을 때 가려운 곳을 긁거나 흐트러진 머리를 매만지는 용도 등으로 사용되었다.

인들이 다투어 사들인 것은 일본도였으며 일본도의 빛은 먼 해외에서도 반짝였다. 요시마사의 끝없는 사치로 인해 세밀하고 공교한 기술의 경지에 이른 자 또한 많았다. 마키에蒔絵,[18] 주물과 같은 것은 히가시야마東山시대[19]의 물건이라 하여 후대에 이르러서도 귀하게 여기고 소중히 보관했다. 그리고 금은상감 및 마키에 기법은 중국에 전해졌는데, 중국인들은 이를 왜동倭銅, 왜칠倭漆이라고 칭하며 귀중히 여겼다. 농기구는 가와치河內의 본좌本座[20]가 매우 정교하고 훌륭했다. 시치조七条의 목수 슈후쿠宗副는 천하제일이라는 칭호를 받았으며 여러 지역의 반조番匠[21]라는 칭호도 이때 만들어졌다.

회화에서는 가오可翁, 조세쓰如拙, 민초明兆, 셋슈雪舟가 북종화[22] 기법을 전승하여 한 시기를 풍미하였는데, 도사土佐 가문은 여러 대에 걸쳐 일본화를 개량하였고, 미쓰노부光信에 이르러서는 선인들을 크게 앞질러 이를 가노 모토노부狩野元信에 전수하였고, 모토노부는 중국의 회화의 기법을 가미한 것을 내놓아 화풍은 또다시 바뀌게 된다. 또한, 사루가쿠猿樂[23]가 있었고 다도茶湯가 있었으며 향도香道[24]가 있었고 꽃꽂이揷花가 있었는데, 이 모두 요시마사 때 가

---

18) 옻 공예 기법의 하나로 칠기 표현에 금가루, 은가루, 조개껍데기, 안료 등으로 무늬를 놓고 문질러 윤을 낸다.

19) 무로마치 막부 8대 쇼군 아시카가 요시마사(足利義政) 집권 시기를 말한다. 이 시기에는 전통적 귀족 문화에 대륙 문화, 서민 문화 등이 융합된 일본 고유의 문화가 발전하였다.

20) 조정 등의 보호를 받으며 특정 상품의 생산, 판매를 독점하던 동업자 집단을 말한다.

21) 목수의 옛 이름으로 주로 건축 장인을 가리킨다.

22) 중국 회화의 유파 중 하나로 북화(北宗)라고도 한다. 외면적 묘사를 중시하여 정밀하고 꼼꼼하게 그리는 산수화 화풍이며, 무로마치 시대 이후 일본 수묵화에 큰 영향을 미쳤다.

23) 일본 고대, 중세에 유행한 풍자, 해학, 가무 중심의 예능으로, 이후 희극인 교겐(狂言), 가무극 노(能)로 나뉘어 발전하게 된다.

24) 향을 피워 그 향기를 감상하는 일본의 독자적인 풍류이다. 무로마치 시대에 향도의

장 번성하였다고 한다. 당시 연회에서는 반드시 사루가쿠 공연을 하였고 상좌의 사람들은 경쟁적으로 많은 연회선물을 하사하는 것이 관례였다. 아시카가 가문은 처음 우린 찻물을 본차本茶, 비차非茶라 말하며 도가노梅尾의 차인지 아닌지를 논해 재물을 걸고 승부를 겨루었는데, 요시마사 때에 이르러 승려 무라타 주코村田珠光가 다이스臺子*의 기준을 정한 이후부터는 명화와 옛 다기를 진열하게 되었고 더욱 고상한 방식으로 발전하게 된다.

---

*다이스(臺子): 차 도구를 장식하여 두는 선반이다.

절차가 만들어졌으며 에도시대에 번성하였다.

# 제7과 아시카가시대 개론 3

아시카가足利 가문은 선종禪宗을 숭상하고 중국의 양식을 좋아했기 때문에 가옥 역시 이에 따라 대대적으로 바꾸어 최초로 현관과 서원을 만들었다. 다다미방座敷의 상좌上座에는 마루床를 두어 불화佛畵를 걸어놓고 또 삼구족三具足 이라고 하여 향로, 꽃병, 촛대를 진열해 놓았는데, 이는 모두 사원寺院의 양식을 따른 것이다. 아시카가 요시미쓰足利義満는 긴카쿠金閣25)를 지어 고마도護摩堂*, 센보도懺法堂*, 샤리덴舍利殿*을 두었는데 대단히 웅장하고 아름답다. 이는 서방의 극락을 상상해 만들어진 것으로 전해지나 중국 양식을 모방한 것으로 보인다.

의복은 더없이 화려했으며 가타미가와리肩身替26)라고 하여 몸의 절반은 다른 색 의복을 입기도 했다. 면 가타기누肩衣27)를 예복으로 입는 일도 있었다. 또한, 길거리를 다닐 때는 도후쿠胴服 입었는데 도후쿠는 소매 없는 하오리羽織28)와 같은 것으로 등 뒤의 끝부

---

25) 교토(京都) 기타구(北区)에 위치한 임제종 사찰이다. 정식 명칭은 로쿠온지(鹿苑寺)이지만, 2층과 3층 누각에 금박이 입혀져 있어 긴카쿠지(金閣寺)라고 통칭한다.

26) 옷의 옷감, 염색 문양을 좌우로, 혹은 한 폭마다 교대로 다르게 지은 옷이다.

27) 소매가 없고 어깨와 등을 덮는 옷이다.

분을 찢어 말을 타기 편하게 한 것이다. 또한, 모모하키라는 것과 각반脚絆[29]이라는 것이 있는데, 모모하키는 지금의 한모모히키半股引[30]이다. 모모하키와 각반을 이은 것을 닷쓰케立付라고 한다. 이모두 길거리를 다닐 때 입는 것이다. 또한, 귀부인은 별도의 옷을 덮어써서 얼굴을 가렸는데 이를 가즈키라고 하고, 천민여성은 흰천을 가지고 머리 위쪽을 덮었는데 이를 가쓰라오비桂帶라고 한다. 또한, 상공인과 같은 사람들도 대부분 정수리를 노출하지 않고 에보시烏帽子[31]를 썼다. 의복에 큰 편익을 준 것은 목화였다. 예전에 우리나라에서는 덩굴풀, 닥나무만으로 의복을 만들었지만, 외국에서 목화씨를 들여온 이후부터는 지위가 높은 사람, 낮은 사람 모두 이것을 사용하게 되었다. 그러나 처음에는 방직 기술이 없어 이를 비단과 같이 진귀하게 여겼다고 한다.

음식에 관한 것도 모두 중국의 양식을 동경하였기 때문에 중국 제품을 귀히 여겼다. 두부, 만두, 단팥묵의 기법은 가마쿠라 시대에 전해졌으나 이 시대에 이르러 많은 사람이 즐기게 되었으며, 덴가쿠[32]도 제조하였다. 조리법 역시 매우 정교해져 시조류四條流, 오쿠사류大草流 등 여러 유파가 있었고, 연회 때에는 요리사가 연회장에 나가서 도마 위의 생선이나 조류 자르는 모습을 손님에게 보여주기도 하였다.

아시카가 시대에 실시된 풍속, 예식을 대략 기술하면, 다카우지

---

28) 긴 옷 위에 입는 기장이 짧은 옷이며 방한, 예복 등의 목적으로 입는다.

29) 방한이나 다리 보호, 활동의 편의를 위해 발목에서부터 무릎 아래까지 돌려 감거나 싸는 천을 말한다.

30) 통이 좁고 무릎 위까지 오는 짧은 바지이다.

31) 까마귀 색(烏色) 모자, 즉 검은색 모자라는 뜻이며, 나라 시대부터 에도시대까지 관례를 올린 남성이 일상적으로 쓰던 모자이다.

32) 두부, 토란, 가지, 곤약 등에 된장을 발라 구운 요리를 말한다.

가 천하를 제패한 후, 권세를 부려 조정을 능멸하고 고위 관리를 우롱하였고, 관리들은 지금까지 천시하던 가마쿠라 양식을 따르거나 돌연 반도板東33) 방언을 배워 굴욕을 피하려 했기 때문에 풍속이 급변하였다. 한편 요시미쓰 때에 정한 무가의 예법은 당시의 고위 관리뿐 아니라 모든 사람들이 존중하고 지켰으며 이는 도쿠가와 막부 시대까지 이어졌다. 생각건대 고위 관리와 무사 가문은 의복, 가옥과 그 제작을 각별히 여겼기 때문에 당연히 별도의 제도를 만들어야 했을 것이다. 이 중 서찰의 예법은 가마쿠라 시대에 만들어졌는데, 아시카가 시대에는 도노殿 글자의 획 생략 여부로 귀천을 구분하였고 가나문자로 도노との라고 쓴 것을 가장 낮은 것으로 여겼다. 또한 증여는 검을 최상으로 여겼고, 고관 중에는 봉서지에 금액만을 기입하고 그 돈을 주지 않는 자도 많았다.

---

*고마도(護摩堂):호마를 피우는 법당이다.
*센보도(懺法堂):참법이라는 것을 암송하며 참회의 법을 행하는 법당이다.
*샤리덴(舍利殿):불사리를 안치하는 전각이다.

---

33) 반도(坂東)는 간토(関東)지방의 옛 명칭이다.

# 제8과 코르크 이야기

코르크Cork는 일종의 떡갈나무 껍질로 만든 것이다. 이 나무는 스페인에서 많이 나며 높이는 보통 2자丈(6.06m) 이상이다. 잎은 타원형이며 상록수이다. 열매는 도토리이고 맛은 호두와 비슷하다. 특히 기이한 사실은 나무껍질이 7~8년마다 저절로 벗겨 떨어진다는 것이다.

어린 떡갈나무의 껍질은 해면동물과 비슷하고 가는 구멍이 많다. 따라서 실용화하기는 어렵다. 이것을 코르크로 만들어서 사용하려면 30년을 기다려야 한다. 일반적인 나무는 껍질을 벗겨 내면 시들어 말라버리지만, 이 나무는 나무껍질을 벗겨 내도 전혀 해가 되지 않으며 오히려 자라는 데 도움을 준다. 또 이 나무껍질은 사람이 벗겨 내지 않아도 자연히 벗겨지지만, 실용화를 위해서는 보통 벗겨지기 1~2년 전에 벗겨 내야 한다.

나무껍질의 실용화를 위해서는 5~6년에 한 번씩 벗겨 낸다. 나무껍질을 벗겨 낼 때는 양쪽에 손잡이가 달리고 날이 굽은 칼을 사용한다. 따라서 이 칼로 벗겨 낸 껍질은 나무껍질의 자연적인 형태를 유지하며 굽어 있다. 이렇게 잘라 낸 각 조각을 물에 흠뻑 적신 뒤 매우 높은 온도의 불에 올려 바깥쪽 부드러운 부분을 태워 없애

코르크나무의 껍질을 벗기는 그림

고, 다시 이것을 압착하여 평평하게 만든 뒤 날카로운 칼을 이용해 필요한 형태로 잘라낸다.

코르크는 실제 대부분 병뚜껑으로 사용된다. 또한, 코르크를 사용해서 의복과 같은 것을 만들기도 한다. 이 코르크 옷은 입으면 물에 뜰 수 있게 해 주기 때문에 큰 바다를 항해하는 선박에서는 대부분 이를 구비해 둔다.

# 제9과 보스턴

보스턴Boston은 북아메리카합중국 매사추세츠Massachusetts주의 도시로 합중국 제5의 도시이다. 매사추세츠 항 바다 쪽으로 돌출해 있는 땅과 곳곳에 흩어져 있는 크고 작은 섬들이 모여 이 도시를 이룬다. 이 도시를 세 부분으로 나누어, 보스턴 본부, 동보스턴, 남보스턴이라고 한다.

매사추세츠 항은 보스턴 항이라고도 한다. 이 항구는 두 개의 반도와 수많은 섬에 의해 대양과 격리되어 있으며, 면적이 70평방마일方哩에 이르는 큰 항구로 보스턴의 상업에 적지 않은 편의를 제공해 준다. 항구 내의 수심이 무척 깊어 초대형 선박도 충분히 정박할 수 있다. 또한, 이 근방의 여러 섬에 보루堡塞*를 쌓아 뜻밖의 상황*에 대비해 놓았다.

이 도시는 보통교육 기관을 모두 갖추고 있으며, 미국에서 최고로 소학교, 중학교가 번성하였다. 보스턴대학, 공업학교, 고등여학교 등의 번성 역시 미국 최고 수준이다. 또한, 이 도시에 접해 있는 케임브리지Cambridge에는 유명한 하버드Harvard대학이 있는데 미국에서 가장 오래되고 가장 발전된 대학이다. 1638년에 설립되어 약 250여 년이 되었다. 이 대학에는 서적관, 물리 화학실험장, 박물관,

식물원 등이 있으며 학문 연구를 위한 도구들이 모두 갖춰져 있다. 항상 1,100명 정도의 학생이 재학하고 있다고 한다. 이 대학 때문에 미국의 문인, 학자 대부분은 케임브리지에 거주한다.

이 도시에는 유명한 건축물이 적지 않다. 퍼네일Faneuil 홀은 대상인 퍼네일 씨의 기부금으로 건축한 것으로, 미국인들의 가장 귀중한 여기는 회관이다. 미국 혁명을 제일 먼저 주창한 자가 당시 이 홀에서 연설하고 시민과 협의를 했었다. 그 이래로 미국, 혹은 매사추세츠주의 거장들이 늘 이 홀에서 연설하게 되었다. 홀 안에는 기부자 퍼네일 씨와 웹스터Webster 씨, 링컨Lincoln 씨 등의 초상화가 걸려 있다. 보스턴 주 청사는 최초 13만 불을 들여 건축하였으며 이후 다시 24만 불을 들여 증축하였다. 청사의 반원형 지붕에 오르

공원에서 바라본 주 청사

면 보스턴 항, 외곽의 여러 마을이 모두 한눈에 들어오며 경치가
더없이 아름답다.

이 도시에는 커먼파크Common park라고 하는 유명한 공원이 있다.
이 웅장하고 아름다운 공원의 주위에는 1마일 정도의 울타리를 쳐
놓았고, 그 안에는 산책로, 화단 등을 설치해 놓았으며, 중앙에는
연못과 분수도 있어 항상 6, 7척尺(약 18~21m) 정도의 물줄기를 뿜어
낸다. 이 연못 주변에는 오래된 느릅나무가 있는데 100년 이상 된
것이라 울타리를 쳐서 보호하고 있다. 공원 안의 지형은 평평하지
않고 경사가 있으며 북쪽이 가장 높다. 이곳에 오르면 찰스Charles강
과 그 근방이 모두 손바닥 안에 들어 있는 듯하다. 공원 서쪽에는
공립 식물원이 있는데 이 또한 아주 아름답다.

---

*보루(堡塞):포대, 요새 등을 말한다.
*뜻밖의 상황(不虞): 생각지 못한 적이 공격해 오는 것을 말한다.

# 제10과 지렛대

　우리는 지렛대를 자주 보지만 그 이름을 모르는 일도 있다. 지렛대의 모양은 여러 가지여서 석수장이의 쇠 지렛대가 되거나, 목수의 못뽑이가 되고, 뱃사공은 이를 배를 젓는 데 사용하고, 재봉사는 의복을 재단할 때 사용하며, 마부는 꼴을 벨 때 사용한다. 무릇 지렛대의 도움 없이는 부젓가락으로 숯을 집을 수 없으며 문을 여닫을 수도 없다. 천칭의 봉 역시 지렛대의 일종이다.

　지렛대의 가장 간단한 형태는 나무, 쇠 등으로 된 봉을 만들고 한 점에서 자유자재로 운동하게 하는 것이다. 이 점을 받침점이라 한다. 또한, 지렛대로 올려야 할 짐이나 해야 할 일을 편의상 중량이라고 부른다. 단 이 중량이라는 말은 평소 사용하는 의미와는 같지 않음을 알아야 할 것이다. 예를 들어 가위로 종이를 자를 때 종이가 가위에 저항하는 힘을 중량이라 칭하는 것과 같다. 또한, 지렛대를 사용할 때 쓰는 힘은 그것이 무엇이든 동

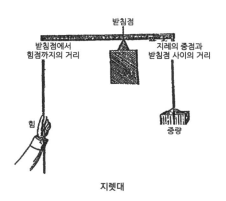

받침점

받침점에서
힘점까지의 거리

지레의 중점과
받침점 사이의 거리

힘

중량

지렛대

력働力이라 칭한다. 동력과 중량이라고 하는 두 단어는 지렛대에 관해 설명할 때 절대 빼놓을 수 없는 것으로, 항상 상반되는 성질을 갖는다.

지렛대에는 두 개의 팔이 있는데 위 그림의 받침점 양쪽 부분이 바로 이것이다. 그리고 한 쪽은 중량으로 이를 누르고, 다른 한쪽 동력으로 이를 누른다. 이처럼 지렛대의 여러 부분에 대해 자세히 이해한 후에 지렛대의 활용 예를 탐구하는 것은 무척 중요하다. 따라서 일반적인 지렛대 몇 가지에 대해 바로 설명하겠다.

부젓가락은 지렛대의 일종이다. 즉 엄지손가락과 집게손가락으로 집는 곳은 받침점이고 집는 곳에 있는 숯은 중량이다. 그리고 집게손가락은 힘점이다. 못뽑이도 또한 일종의 지렛대로 못은 받침점이 되고 손은 힘점이 되며 그 힘에 저항하는 못은 중점이 된다. 이 외에도 족집게, 전정가위 등도 지렛대의 일종이다.

노로 배를 저을 때 받침점은 어디일까? 놋좆이 받침점이라고 생각하는 사람들도 있겠지만, 이는 본디 받침점이 될 수 없다. 놋좆은 배를 움직이게 하는 곳이기 때문에 실제로는 중점이 된다. 노 끝에 있는 뾰족하고 물속으로 잠기는 부분이 받침점이고 노의 손잡이를 쥐는 손이 바로 힘점이다. 천칭 역시 한쪽에는 무게를 잴 물건을 놓고, 다른 한쪽에는 이것과 평형을 이룰 분동을 놓게 되어 있으며 이를 매어 달 실이 있다. 따라서 물건은 중량이며 분동은 힘점이 된다. 그리고 실을 매단 곳은 받침점이 된다는 것을 알아야 한다.

지렛대는 영어로 Lever라고 한다. 원래 프랑스어로 '올리다'라는 의미의 단어이다. 왜냐하면, 지렛대의 가장 큰 목적은 물건을 들어올리는 것이기 때문이다. 그리고 지렛대는 보통 세 종류로 분류된다. 이 지렛대의 세 종류는 받침점, 중점, 힘점의 위치에 따라 나뉘게 된다.

제1종 지렛대는 받침점이 항상 힘점과 중점 사이에 있다. 천칭이 그 예이다. 제2종 지렛대는 중점이 항상 힘점과 받침점의 사이에 있다. 볏짚을 자르는 기계가 그 예이다. 또 제3종 지렛대는 힘점이 항상 중점과 받침점 사이에 있다. 족집게가 그 적절한 예이다. 이에 밑에 그림을 제시하여 지렛대의 종류를 나타낸다.

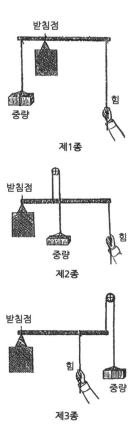

받침점
중량
힘
제1종

받침점
중량
힘
제2종

받침점
힘
중량
제3종

우리 몸에도 지렛대가 있다는 것을 알아야 한다. 우리의 팔뚝은 제3종 지렛대이며 팔꿈치는 받침점이다. 지렛대는 물론 우리에게 유용한 물건이며 그 도움을 빌리면 맨손으로 움직일 수 없는 것도 쉽게 움직이게 할 수 있다. 그렇지만 무거운 물건을 들어 올리거나 힘든 일을 하기 위해서는 받침점에서 힘점까지의 거리를 원래의 저항점보다 늘려야 한다. 제1종, 제2종 지렛대의 경우에는 받침점에서 힘점까지의 거리가 멀어질수록 점점 더 편리해진다. 만약 받침점에서 힘점까지의 거리가 저항점보다 두 배 길어진다면 물건을 들어 올리는데 반 정도의 힘만이 필요하다. 또한, 받침점에서 힘점까지의 거리가 세 배 길어지면 3분의 1의 힘만이 필요하다. 다음의 법칙은 매우 중요하기 때문에 잘 외워두어야 한다. 즉 힘과 무게는 정확히 지렛대 길이에 반비례한다고 할 수 있다는 것이 바로 그것이다. 따라서 제3종 지렛대는 힘에서는 이득이 없지만, 시간에서는 얻는 것이 있다. 왜냐하면, 받침점에서 힘점까지의 거리가 짧아질수록 힘의 작용은 작아지지만, 운동은 오히려 빨라지기 때문이다. 즉 앞에서 제시한 우리들의 팔 앞부분은 제3종 지렛대이기 때문에 팔을 빨리 올릴 수 있는 것과 같은 것이다.

# 제11과 고학의 결과 1

미합중국 대통령인 가필드Garfield의 이름은 제임스 에이브램James Abram이다. 오하이오Ohio주 오렌지Orange 마을 가난한 농가의 아들로 태어났다. 가필드가 2살 되던 해에 아버지가 세상을 떠나 어머니와 아이들만 남게 되었고 생계가 무척 어려워졌다. 형인 토마스Thomas는 그때 겨우 10살이었지만 논밭을 갈고 김매는 일을 능히 하였고 어머니는 논 주변에 목책 만드는 일을 하였다. 그러나 집안이 무척 빈곤하여 몇 번이나 아사할 뻔하였다.

가필드는 4세가 될 때까지 신발을 신지 못하였는데, 이를 형 토마스가 불쌍히 여겨 남의 밭을 소작하여 얻은 품삯으로 가필드에게 신발을 사주었다. 그리고 성인이 된 토마스는 자산이 조금 모이자 여동생과 가필드를 소학교에 보냈다. 또한, 어머니는 학교가 멀리 떨어져 있다며 땅 몇 단보를 소학교 부지로 기부하였고, 이에 마을 사람들이 모여 의논한 뒤 그 땅에 소학교를 하나를 세웠다. 이때부터 가필드의 학업은 크게 향상되었고 항상 다른 학생들보다 몇 등급을 넘어섰다 한다. 토마스는 21세 때 황무지를 개간하였고 뜻밖에 75불이라는 돈을 벌었기에 어머니 집을 지어 드리기 위해 형제가 힘을 모았고 새로운 목조 집을 짓게 된다. 이때 가필드의 나이 이미 12세였기 때문에 목수들에게 큰 도움을 주며 일하였고, 목수들은 가필드의 공사 솜씨가 좋다며 감탄하고 칭찬하였다. 가필드 자신도 이 일을 하면 어머니를 부양하는 것이 어렵지 않으리라 생각하여, 이때부터 조금이라도 짬이 나면 건축 일을 했고, 다른 사람의 곡식 창고를 몇 채나 짓게 되었다.

그 후 가필드는 상점에 고용되어 판매 일을 하거나 서기 일을 하며 매달 14불의 월급을 받았다. 그러던 어느 날 한 권의 책을 읽고는 선원이 되고 싶다는 생각이 강하게 들어 결국 상점을 그만두고는 집에 돌아와 어머니에게 자신의 결심에 대해 말했다. 하지만, 어머니는 원래 가필드를 학자로 만들려 했었기 때문에 이를 허락하지 않았는데, 가필드가 몇 번이고 강하게 청하니 결국 어머니도 마음을 돌려 허락해주었다. 그러자 가필드는 매우 기뻐하며 떠날 차림을 했고 돈 몇 푼만을 허리에 두른 채 클리블랜드Cleveland에 도착하였다. 처음에 가필드는 범선 타는 일을 하려 했지만 그러지 못하였고, 결국 운하를 오가는 작은 배의 선원이 되었는데 그 궁핍한 처지는 이루 말할 수 없었으며 겨우 목숨만 부지할 정도였다. 게다가 14번이나 물에 빠졌기 때문에 모두가 죽은 사람이 살아났다고 생각할 정도였다. 마지막 위험에 처했을 때는 '지금까지 몇 번이나 위험에 빠져 생명을 잃을 뻔했는가? 그런데도 늘 재난을 피할 수 있었던 것 하늘의 뜻이 있어서일 것이다. 아마 훗날 국가를 위해 몸을 바치라고 이렇게 나를 도와주셨을 것이다. 이처럼 귀중한 생명을 작은 뱃일에 맡기는 것은 바람직하지 않다. 하루속히 집으로 돌아가 교육을 받고 장부가 됨이 마땅하다.'라는 것을 마음 깊이 깨달았다.

# 제12과 고학의 결과 2

　이리하여 가필드는 선원이 되려는 생각을 버리고 집에 돌아와 어머니께 고하였고, 어머니는 대단히 기뻐하며 17불의 돈을 학비로 주었다. 이에 가필드는 2~3명의 친구와 함께 집을 떠나 중학교에 들어갔는데 그 중학교는 집에서 14리나 떨어진 곳에 있었다. 물론 가필드는 가난했기 때문에 기숙사에 들어갈 비용이 부족하여 학교 근방에 낮고 작은 집 한 칸을 빌리게 되었고 먹고 마시는 것도 스스로 해결하였으며 집기, 잠자리 등은 무척 조악한 것뿐이었다.

　가필드는 중학교에 다니는 틈틈이 목수 집에 가서 물건 만드는 일을 하였고, 여름 방학 때는 농가에 들어가 경작 일을 해 약간의 품삯을 받았으며, 겨울 방학 때는 마을 학교의 조교 일을 하고 보수를 받아 약간의 의복과 음식을 마련하거나 빚을 갚았다. 이렇게 몇 년을 보내는 동안 학업은 크게 향상되었고 이제 20세의 나이가 되었기 때문에 중학교를 떠나 하이럼Hiram에 있는 전신기술電信術 강습소[34]로 옮겨갔다. 처음에는 그곳의 경비 일을 하였지만 후에는 조교수로 올라갔다. 이때부터 오로지 라틴어, 희랍어 공부에 몰

---

34) 웨스턴 예비 절충학파 연구소(현재 하이럼대학교)를 말한다.

두하여 마침내 이곳을 졸업하였다.

가필드는 전신기술 강습소의 학업 과정을 대부분 수료했기 때문에 더 나아가 대학에 들어가길 원했다. 하지만 조교수가 된 이래로 급여의 일부를 저축해 왔어도 자금이 충분하지는 않았다. 다행히 보험증서를 저당으로 하여 돈을 빌려주는 자가 있었기 때문에 가필드는 생명 보험으로 약간의 자금을 마련하였고, 결국 뉴잉글랜드로 가서 윌리암스Williams대학교에 입학하게 된다. 그때 대학 총장이었던 홉킨스 박사Doctor, Hopkins 또한 가필드의 굳은 의지에 감동하여 학자금을 보조해 주었다. 이에 가필드는 더욱 열심히 공부하였고 결국 2년 만에 대학교를 졸업하였다.

가필드는 이제 학식은 풍부해졌지만, 의복과 서적은 여전히 부족했고 450불의 부채가 남아 있었다. 때마침 하이럼 강습소의 라틴어, 희랍어 교수에 결원이 있어 초빙되었고 그 직책을 맡아 정성스럽게 학생들을 지도하였다. 그리하여 다음 해 그의 나이 겨우 26세 때 그곳의 학장이 되었다. 이후 남북 전쟁이 일어났을 때 하이럼 강습소의 학생들이 분기하여 한 소대를 편제하였고, 뜻을 함께하는 사람들도 가담하여 결국 한 연대가 되었다. 이때 가필드는 학장을 그만두고 의병 연대의 지휘관을 맡았고 싸울 때마다 승리하여 장군으로 진급하게 된다.

남북 전쟁이 아직 끝나기 전, 가필드 장군은 고향인 오하이오주의 국회의원으로 선출되었고 당시 대통령 링컨Lincoln도 간청했기 때문에 가필드 장군은 군대를 그만두고 국회 일에만 힘을 쏟았으며, 약간의 짬도 내기 어려운 상황 속에서도 예전과 같이 학문 연구를 게을리하지 않았다. 1880년에 장군은 합중국 국민의 지지를 받아 대통령이 되었고, 그다음 해 3월 워싱턴시 의사당 단상에서 대통령 취임 연설을 하였다. 그때 노모는 그의 뒤에 서서 연설을 듣고 있었는데, 연설이 끝나자마자 그가 노모 앞으로 다가가 은혜에 깊이 감사하였고, 강당을 가득 메운 사람들은 그 친애의 정에 감탄하였다.

가필드가 대통령이 되고 4개월 후, 노모를 만나러 롱 브랜치Long Branch에 가기 위해 워싱턴역에 도착했는데, 그때 찰스 기토Charles J. Guiteau라는 사람에게 권총을 2발이나 맞아 중상을 입었고, 치료할 방도도 없어 결국 그해 9월에 서거하게 된다. 생전에 그를 알았건 몰랐건 간에 그 죽음을 듣고 애도하지 않는 자가 없었다. 그래서 그 유해를 클리브랜드에 안치했을 때 영정에 꽃을 바치는 자가 몇천 명인지 헤아릴 수 없었다. 그 중에서도 가장 눈에 띄는 것은 관 위에 놓인 화관으로, 이는 바로 영국 여왕이 바친 것이다. 또한, 그 옆에 한 통의 편지를 바쳤다. 그 글에 쓰여 있기를

인생의 경쟁에서는 한 걸음도 양보하지 않았다.
인생의 공장에서는 온갖 고통을 피하지 않았다.
인생의 면류관을 매우 화려하게 썼으나, 이제야 여기서 쉴지어다.*

---

*쉬는 것(頓住)

# 제13과 조석

바닷물이 일정한 시간을 두고 높아졌다 낮아졌다 하는 것을 조석이라 한다. 해안에 사는 사람은 이렇게 바닷물이 높아졌다가 낮아진다는 사실을 잘 알고 있다. 6시간마다 바닷물이 높아지는 것을 만조라고 하고, 6시간마다 바닷물이 낮아지는 것을 퇴조라고 한다. 이처럼 바닷물이 매일 높아졌다 낮아졌다 하는 원인이 무엇인가 하면 해와 달의 인력에 의한 것이다.

인력이 각각의 물체가 서로 끌어당기는 힘이라는 것은 우리가 이미 알고 있는 바이다. 달은 우리 지구에 가까운 물체이며 달과 인접한 바닷물을 끌어당기는 힘이, 특히 강하기 때문에 이곳에 만조가 발생하는 것이다. 그런데 지구 역시 달 쪽으로 조금 끌어당겨지기 때문에, 반대편 해저 지역과 바닷물 사이가 벌어지고 바닷물만 그 자리에 남아 앞쪽과 같은 만조가 발생하게 된다. 한쪽에서는 바닷물이 직접 달 쪽으로 끌려가서 만조가 되고, 다른 한쪽에서는

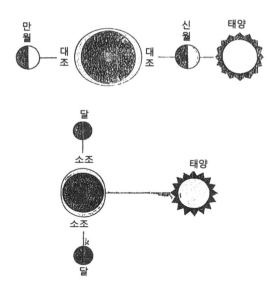

바닷물이 지구에서 떨어져 뒤쪽에 머무르기 때문에 항상 양쪽 면에서 똑같이 만조현상이 나타나는 것이다. 지구는 24시간에 한 번 자전하기 때문에 조석현상과 만조가 하루 두 번 일어나는 것은 자명한 일이다.

　태양이 우리 지구를 끌어당기는 힘은 달의 힘보다 훨씬 크고 강하지만 그 거리가 대단히 멀기 때문에 지구의 각 곳을 끌어당기는 힘의 차이가 거의 없고 힘도 무척 약하다. 그렇지만 해의 인력과 달의 인력이 서로 합쳐져 일직선상에서 서로 만날 때에는 조석 간만의 차이가 매우 커지는데 이것을 바로 대조大潮라고 한다. 또한, 해와 달의 인력이 서로 반대될 때, 즉 해와 달과 지구의 위치가 거의 솥발鼎足35)의 형태를 이룰 때에는 조석 간만의 차이가 가장 작아지는데, 이것을 바로 소조小潮라고 한다. 대조는 한 달에 두 번,

---

35) 솥에 달린 세 개의 발을 말한다.

초승달과 보름달 때에 발생한다.

만약 달이 한 곳에 정지해 있다면 이와 인접한 바닷물은 인력 때문에 항상 만조가 될 것이다. 하지만 6시간이 지나면 지구는 그 축을 회전하여 원둘레의 4분의 1을 나아간다. 따라서 이제는 6시간 전에 만조가 되었던 곳에서 바닷물을 끌고 오게 될 것이다. 이를 자세히 설명하면 6시간 전에 간조였던 곳은 이제는 모두 만조가 되고, 6시간 전에 만조였던 곳은 이제 반대로 간조가 되는 것이다.

조석은 들어가고 빠지는 데에 각각 6시간이 필요하다. 그렇지만 앞뒤의 만조 시간을 정밀하게 계산하면 다음번 만조는 이전 만조보다 20분 혹은 27분 늦어진다. 지구의 한 지역이 바로 달 밑에 오기 위해서는 24시간 이상이 필요하므로 하루에 만조와 간조는 서로 50분 정도 늦어질 것이다. 또한, 조석은 지면 위로 달이 가장 근접한 장소, 즉 바로 밑에 있을 때 가장 크다. 지금 열대지방 각 지역이 달에 가장 가까이 있다면 이곳의 조석이 가장 클 것이고, 남극과 북극에 가까이 갈수록 점점 작아질 것이다. 또한, 어떤 곳이든 달이 바로 바닷물을 끌어당길 수 있는 것은 아니다. 일반적으로 바닷물에는 타성이 있어서 인력이 이를 이겨내 운동토록 하기 위해서는 3시간이 필요하므로 달이 지나가고 대략 3시간 경과 후에 비로소 조석 현상이 일어나는 것이다.

# 제14과 벌집

꿀벌은 원래 산과 들에 살지만, 꿀과 밀랍을 채취하기 위해 인가에서 키우는 경우도 많다. 꿀벌은 형태가 작고 길이가 3~4분分(약 0.9~1.2cm)에 지나지 않는다. 전신에는 연한 황색 털이 나 있고 등은 옅은 흑색이며 날개는 회색이다. 수벌, 암벌, 일벌의 세 종류로 나뉜다.

벌집의 구조를 다른 곤충의 집과 비교하자면, 마치 궁전과 작은 집 같다. 벌집 안에는 알을 보관하거나 겨울철 식량으로 꿀을 비축해놓는다. 그리고 일벌이 벌집을 만드는 것을 보면 수지樹脂를 사용해 주변부를 붙여 나가고 재료로는 밀랍을 사용한다. 집을 짓는 과정을 보면 일에 짜임새가 있고 흐트러짐이 전혀 없다. 일벌에는 세 무리가 있다. 제1무리는 벌집의 재료를 갖고 와 대충 구조를 만들고, 제2무리는 벌집의 거칠거칠한 부분을 매끄럽게 만들고 과다한 밀랍은 제거하여 벌집을 완성한다. 제3무리는 끊임없이 벌집을 오가며 꾸준히 꽃가루를 채취해 오거나 제2무리가 만들어 놓은 곳 중에 부족한 곳을 메꾸는 일을 한다.

제1무리의 일벌은 구조를 대충 만든 직후 멀리 날아가 당분이 풍부한 식량을 채집한다. 이는 벌집을 짓는 데 필요한 밀랍을 분비

인가에서 키우는 벌집

하기 위해서이다. 당분이 많은 음식을 충분히 섭취한 1열 일벌 6~7마리가 천장이나 나뭇가지 같은 곳에 매달린다. 그러면 2열, 3열이 차례로 앞에 있는 벌의 뒷다리에 매달린다. 이처럼 8~90마리의 일벌이 모이고 매달려 24시간 남짓을 전혀 움직이지 않는다. 밀랍을 분비하기 위해서는 이처럼 멈춰있어야 한다. 밀랍은 하복부 사이에서 분비되는데 벌은 입으로 밀랍을 혼합해 이를 적당한 곳에 붙인다. 그리고 벌집을 만들 때는 다량의 물질을 허비하지 않고 오로지 견고하게 만드는 것에 중점을 두며, 형태는 대부분 원형에 가까운 육각형이다. 각각의 방 사이는 격벽으로 지지하고 그 바닥은 꼭 맞는 세 장의 판을 사용해 만든다. 이렇게 세 장의 판으로 바닥을 만든 것은 아주 작은 재료를 사용해 최고의 견고함을 완성

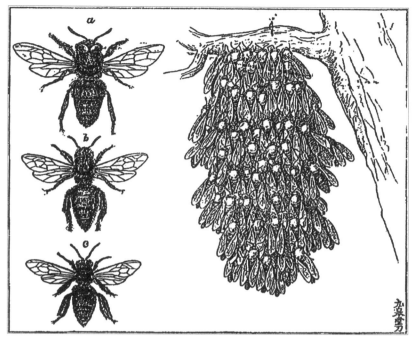

일벌이 나뭇가지 아래에 매달린다. (a) 수벌 (b) 암벌 (c) 일벌

한 것이니, 그 구조의 정교함에는 인간의 지혜조차 미치지 못하는 바가 있다.

꿀벌 무리의 수는 대략 1만 9천 마리이다. 또한, 한 무리 안의 진정한 암벌은 단 한 마리뿐이다. 이 암벌의 크기는 다른 벌에 비해 월등히 큰데 이를 여왕벌이라 한다. 여왕벌은 한 무리에 있어서 하나의 군주이기 때문에 다른 벌은 모두 명을 받들어 노역한다. 수벌은 600마리 정도 있는데 4~5월 두 달 동안만 생존하고 그 기간이 지나면 쓸모가 없어져 일벌에게 쏘여 죽는다. 일벌은 오로지 노역만을 하며 그 수는 1만 5천 마리 정도 된다. 또한, 여왕벌이 될 꿀벌은 어릴 때 대단히 넓고 궁전 같은 원통형 방에서 양육되고 꽃의 액즙으로

빚은 양분이 많고 맛있는 먹이를 먹는다. 여름철이 되고 벌의 수가
점차 증가하여 벌집 안에 가득 차게 되면 다른 살 곳을 찾아야 하며
어린 여왕벌이 이들을 지휘해서 한 무리를 이주시킨다.

# 제15과 흡착기

흡착기란 둥근 가죽 한 조각을 잡아 그 한 가운데에 작은 구멍을 뚫고 이곳에 실을 통과시켜 그 끝에 매듭을 만들어 빠지지 않도록 한 물건이다. 흡착기를 사용하려면 반드시 물기를 많이 머금게 해야 하며, 몇 시간이고 물에 담가두지 않으면 효과를 볼 수 없는 예도 있다.

물기가 있는 흡착기를 평평한 벽돌에 대고 바깥 부분을 눌러 붙이면 분명 가죽 부분이 벽돌에 딱 달라붙을 것이다. 품질이 좋은 흡착기라면 조금 무거운 물건도 들어 올릴 수 있을 것이다. 혹은 흡착기의 겉 부분을 손으로 누르기만 해도 바로 붙어버리는 일도 있다. 이처럼 흡착기가 벽돌에 딱 달라붙는 것은 습기 때문일까, 아니면 흡착기와 벽돌이 단단히 붙게 하는 일종의 기이한 흡인력이 존재하기 때문일까? 이 모두 명료한 답이 되지 못한다. 때문에 우리는 누구

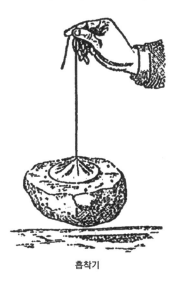

흡착기

나 명백히 이해할 수 있는 설명을 원한다.

우리가 호흡하는 공기는 우리들의 신체를 순환回繞한다. 그리고 이 공기에는 중량이 있지만, 우리의 신체가 느끼지 못하기 때문에 오히려 그 성질, 효용 등을 아는 사람이 적다. 공기는 지금 지구상의 만물에게 다소의 압력을 가하고 있는데 이 압력은 모두 그 중량에서 비롯된 것이다. 여기 그림으로 나타낸 작은 사각형은 사변이 모두 1인치Inch이다. 따라서 이를 1제곱인치라 부른다. 공기는 이 1제곱인치마다 16근斤(약 9,600g) 정도의 물건을 놓은 것과 같은 힘으로 압력을 가하는 것이다. 그렇다면 이는 곧 1제곱인치마다 공기의 압력이 약 16근이 된다는 것이다.

위의 설명으로 흡착기가 돌에 딱 달라붙는 원리를 알 수 있을 것이다. 생각건대, 가죽의 물기 많은 가장자리 부분은 돌에 단단히 붙어 그 가죽 아래로 들어오려는 공기를 막는다. 그리고 그 실을 잡아당겨 흡착기의 한 가운데를 들어 올리면 돌과 가죽 사이는 반드시 진공상태가 될 것이다. 하지만 그 겉면에는 1제곱인치마다 16근의 압력이 있다. 그 때문에 흡착기를 거머리와 같이 단단히 붙게 하는 것은 바로 이 겉면의 압력인 것이다. 이처럼 벽돌에 단단히 붙는 흡착기의 원리를 터득하는 것은 실로 중요한 사실을 아는 것이다. 다시 그 원인을 열거하면, 첫 번째 공기에 중량이 있다는 것, 두 번째 이 중량에서 압력이 발생한다는 것, 세 번째 이 압력은 1제곱인치마다 약 16근이라는 것이다.

파리가 평평하고 미끄러운 벽을 기어오르거나 천장을 거꾸로 걸어 다니는 것은 발바닥에 작은 흡착기가 있기 때문이라 할 수 있다. 또한, 천연의 흡착기는 특히 조개류에게 필요한 것으로서, 전복 등이 바위에 단단히 붙어 있는 것은 모두 이것에 의한 것이다. 또한, 문어는 특히 그 형태가 기이한데, 8개의 다리가 있으며 그 다리에는 수많은 흡착기가 있다. 이 8개의 다리로 먹이를 잡아 수백 개의 흡착기에 딱 붙이기 때문에 일단 다리에 감기면 쉽게 도망갈 수 없다.

이처럼 공기에는 커다란 압력이 있으므로 우리의 신체는 매우 큰 중량을 받게 된다. 이것을 어림잡아 계산하면 보통 사람은 4,358관貫(16,342.5kg) 정도의 압력을 받고 있다. 그런데 그것을 조금도 느끼지 못하는 것은 신체의 앞뒤, 좌우, 상하 모두 같이 압력의 균형을 이루기 때문이다. 이제 공기의 압력에 대해 이해했다면 이후에 설명하게 될 펌프에 대해서도 쉽게 이해할 수 있을 것이다.

# 제16과 무인 할거

1867년 오닌應仁 원년 아시카가 가문足利氏의 권신 호소카와 가쓰모토細川勝元, 야마나 모치토요山名持豊가 사당私党을 조직해 수도에서 싸웠는데 그 후 11년간 전란이 이어졌고 수도는 전장이 되었다. 이에 구교公卿36) 백관 모두 여러 지역으로 도망가고 흩어져 문무 저택 모두 폐허가 되었다. 조정의 쇠퇴가 극에 달했다 할 수 있다. 이때부터 천하의 무인들이 동서로 땅을 차지하고 세력을 떨쳤으며 다시 아시카가 가문을 섬기는 자는 없었다. 그리고 아시카가 가문 역시 이들을 제압할 수 없었다. 쇼군 요시마사 이후 요시히사義尚, 요시타네義稙, 요시즈미義澄, 요시하루義晴, 요시테루義輝, 요시아키義昭의 세상이 끝날 때까지 거의 100여 년간 온 나라가 분열되고 내란이 끊이지 않았다. 이른바 전국戰國이라고도 칭하는 시대이다.

이때 히타치常陸에는 사타케 가문佐竹氏이 있었고, 스루가駿河에는 이마가와 가문今川氏이, 미카와三河에는 도쿠가와 가문德川氏이 있었으며, 미노美濃, 오와리尾張에는 오다가문織田氏이 있었다. 또한, 에치

---

36) 公과 卿을 아울러 조정의 높은 벼슬을 이르는 총칭이다. 公에는 태정대신(太政大臣), 좌대신(左大臣), 우대신(右大臣)이 포함되며, 卿에는 다이나곤(大納言), 주나곤(中納言), 참의(參議) 및 3품 이상의 관직이 포함된다.

젠越前에는 아사쿠라 가문朝倉氏이 있었으며, 오미近江에는 아사이 가문浅井氏이, 미마사카美作, 비젠備前에는 우키타 가문浮田氏이 있었고, 이즈모出雲, 호키伯耆에는 아마고 가문尼子氏이, 스오周防, 나가토長門, 부젠豊前, 아키安藝, 이와미石見에는 오우치 가문大内氏이 있었으며, 사쓰마薩摩, 오스미大隅에는 시마즈 가문島津氏이 있어, 어지러운 상황 속에서 지혜와 용기를 떨치며 할거했다. 그런데 겐키元龜(1570~1573), 덴쇼天正(1573~1593) 연간에 이르러 모리 가문毛利氏, 호조 가문北條氏 등이 두각을 나타내게 되자, 많은 가문이 이들 세력 밑으로 들어가게 되었다.

겐키, 덴쇼 연간에 무인 중 가장 세력을 가진 네 개의 가문이 있었다. 바로 호조 가문, 다케다 가문武田氏, 우에스기 가문上杉氏, 모리 가문이다. 모리가문은 아키를 시작으로 산요山陽, 산인山陰 13개 주를 차지하여 강토疆土*가 가장 넓었다. 그다음은 호조 가문이었다. 호조 가문은 처음에 이즈伊豆를 차지한 뒤 이곳을 거점으로 간토關東의 8개 주를 점령하였으며, 이 지역을 자손 5대까지 물려주었다. 다케다 가문은 가이甲斐에서 일어나 시나노信濃, 히다飛騨, 스루가駿河, 우에노上野를 아울렀고, 우에스기 가문은 엣추越中에서 일어나 엣추, 노토能登, 가가加賀를 아우르고 쇼나이莊内, 아이즈會津까지 공략하였다. 무릇 이 네 가문은 동서로 맞서 천하를 병탄하려고 하였으나 결국 이를 달성하지는 못하였다.

오다 가문織田氏만이 네 가문의 틈 안에서 홀로 일어나, 강한 세력은 피하고 약한 세력은 공격하며 뜻하던 바를 이루어 나가고 있었는데, 부하 아케치 미쓰히데明智光秀에게 죽임을 당하게 되어 결국 그 뜻을 이루지 못하였다. 도요토미 가문豊臣氏은 오다 가문의 계획을 이어받아 천하 통일을 달성했다. 그러나 그 토대를 공고히 하지 못해 2대째에 멸망하게 된다. 곧 도쿠가와 가문德川氏이 이를

대신해 천하를 장악하게 되고 나라 안은 비로소 평안해졌다. 이에
무인할거의 흔적은 완전히 사라져 볼 수 없게 되었다.

---

*강토(疆土): 영지를 이르는 말과 같다.

# 제17과 영사詠史 2수

고호조가문後北條氏

막부*의 정치가 쇠퇴하니* 여러 곳에서 군란이 일어나는데
그 중 뛰어난 인물*은 간토에 있었다.
옛 영지를 기습하여 웅거하였고*
해박한 지식과 출중한 지략을 갖춰 천하의 영웅들을 수하에
두었도다.*
8주의 용맹한 자는 모두 자신의 군대로 편입하니*
5대까지 선조의 공덕을 누렸다.*
말기에 무사의 마음이 갈렸으니
외로운 성을 반년 동안 지켰도다.*

모리가문毛利氏

명문가*에서 영재가 나오니
10주 호걸들이 전투의 깃발을 피하네.
구름을 뚫고 높이 솟은 망루에 하늘 높이 나는 새를 매달고*

파도를 가르며 늙은 고래의 목을 벤다.*

천 리의 패업을 도모한 업적은 대제에 비견되고*

두 아들의 장수다운 지략은 만리장성처럼 든든하네.*

아쉽도다. 손호가 제 주제를 모르고*

중원과 맞서려 하다니.

라이노보루<sup>頼襄</sup><sup>37)</sup>

---

*막부(覇庭): 아시카가 가문을 말한다.

*정치가 쇠퇴하다(綱地)

*뛰어난 인물(人豪): 영웅과 같은 소운(早雲)을 가리킨다.

*옛 영지를 기습하여 웅거하였고(地按故資撫背脊): 안(按)은 웅거하다라는 뜻이다. 고자(故資)는 원래의 자본을 말한다. 무(撫)는 공격하는 것이다. 진나라의 관중(關中) 지방은 험준한 지역인데, 한고조 유방이 기습하여 그 지역에 웅거하게 되면서 더욱 강대해진다. 지금은 호조씨라 칭하는 소운(北条早雲)이 험준한 옛 영지에 웅거한 것을 비유한 것이다.

*해박한 지식과 출중한 지략을 갖춰 천하의 영웅들을 수하에 두었도다(書諳上略攬英雄): 황석공(黃石公)의 삼략(三略)은 책략을 서술한 병법서이며, 상략, 중략, 하략의 세 편으로 구성되어 있다. 이 책 서두에는 장수의 법도란 영웅의 마음을 얻는 것이다, 라고 씌어 있다. 소운은 이 구절을 듣고는, 나는 영웅의 마음을 얻었기 때문에 이 책은 읽을 필요가 없다고 하며 읽는 것을 그만두었다고 한다.

*8주의 용맹한 자는 모두 자신의 군대로 편입하니(八州驍虓歸兵籍): 효효(驍虓)는 용맹을 뜻하는 것이다. 간토(関東)의 여덟 지역 용사가 소운의 부하가 된 것을 말한다.

*5대까지 선조의 공덕을 누렸다(五世呴濡繩祖功): 구(呴)는 숨을 세차게 내뿜는 것이다. 유(濡)는 적시는 것이다. 장자(莊子)에 '샘물이 마르면 물고기는 함께 뭍에 있으면서도 서로에게 물기를 뿜어준다.'라는 구절이 있다. 호조 가문이 5대에 걸쳐 은혜를 베푼 것을 뜻한다. 승(繩)은 계승하는 것이다.

*외로운 성을 반년 동안 지켰도다(孤城半歲費環攻): 도요토미 히데요시(豊臣秀吉)가 반년 동안 오다와라성(小田原城)을 포위한 것을 말한다.

*명문가(名門): 오에 가문(大江氏)은 오에 마사후사(大江匡房), 오에 히로모토(大江廣元) 이래로 명문가가 되었다.

*구름을 뚫고 높이 솟은 망루에 하늘 높이 나는 새를 매달고(憑雲樓櫓懸高鳥): 모리 모토나리(毛利元就)가 이쓰쿠시마(厳島)에 성을 쌓고 망루를 지은 뒤 스에 하루카타(陶 晴賢)를 유인

---

37) 에도시대 후기의 유학자이자 시인이며 호는 산요(山陽)이다. 『일본외사(日本外史)』, 『일본정기(日本政記)』 등의 저서를 남겼다.

하여, 그물을 쳐서 새를 잡듯이 한 것을 말한다.
*파도를 가르며 늙은 고래의 목을 벤다(破浪戈鋋斬老鯨): 과(戈)와 연(鋋)은 모두 창 종류를
말한다. 늙은 고래(老鯨)는 스에 하루카타를 비유하는 말이다.
*천리의 패업을 도모한 업적은 대제에 비견되고(千里霸圖同大帝): 패도(霸圖)는 패업(霸業)
과 같은 말이다. 대제(大帝)는 오나라 손권의 시호이다. 모토나리를 손권에 비유하였다.
*두 아들의 장수다운 지략은 만리장성처럼 든든하네(二兒將略並長城): 두 아들(二兒)은 깃카
와 모토하루(吉川元春), 고바야카와 다카카게(小早川隆景)를 뜻한다. 장성(長城)은 만리장
성이며, 주나라가 북방 지역을 방어하기 위해 세운 것이다.
*손호가 제 주제를 모르고(憐孫皓不量力): 모리 데루토모(毛利輝元)가 자기 주제를 모르고
도쿠가와 이에야스(德川家康)에게 대항한 것을 손권의 손자 손호가 진나라(晋)와 전투를 벌
이다 멸망한 것에 비유하였다.

# 제18과 필라델피아

　필라델피아Philadelphia는 북아메리카합중국 펜실베니아Pennsylvania 주에 있는 합중국 제2의 도시이다. 이 도시는 델라웨어Delaware강과 스쿨킬schuylkill강이 합류하는 지역의 남단에 자리 잡고 있다. 높낮이가 있어 평탄하지 않은 지형이며 중앙이 가장 높고 양쪽 강에 가까워질수록 점점 낮아진다.

　합중국에서 이 도시는 유달리 일찍부터 번영했다고 한다. 하지만 눈에 띄게 번영하게 된 것은 북미 합중국이 독립해서 국회를 개설한 이후부터이다. 1860년에는 인구가 56만 2천 명 가까이 되었고, 1870년에는 67만 4천 명에 달했다고 한다. 그 이후의 번영은 충분히 헤아릴 수 있을 것이다.

　이 도시는 필라델피아 본부, 그리고 외곽에 있는 몇 개의 마을로 이루어져 있다. 본부의 도로는 해안을 따라 약간 굴곡진 곳에 있지만, 그 외의 도로는 종횡으로 시가지를 관통하며 직선으로 사각형의 지구地區를 이루고 있다. 도로의 좌우에는 나무를 나란히 심어 놓았고 가옥은 하얀 대리석이나 빨간 벽돌을 쌓아 만들었다.

　도시 안에는 유명한 건축물이 많다. 독립기념관은 영국의 간섭에서 벗어나 독립에 이르기까지 13개 주를 대리하는 연방정부를 세운

독립기념관

곳이었다. 그 유명한 미국 독립선언문은 이 기념관에서 초안을 작성하여 공포한 것이라고 한다. 지금도 그 초안이 보관되어 있으며 부서진 종도 함께 보관되어 있다. 이 종은 독립 전쟁 전에 영국의 학정을 견디다 못한 주민州民들이 치다가 결국 부숴버린 것이라고 한다. 이 외에도 기념관 안에는 당시의 영웅호걸 워싱턴Washington 씨 이하 수 명의 초상화가 보관되어 있다. 합중국 조폐국은 전 북미 합중국에서 통용되는 세 종류의 화폐를 제조하는 곳으로 20만 불을 들여 건축했다. 이 외에 펜실베이니아대학교와 제라드Gerrard 학교 등의 건축도 무척 크고 훌륭하다.

스쿨킬 강변은 내국 무역상들이 모이는 곳이고 델라웨어강 강가는 외국무역선이 정박하는 곳이다. 이 강은 대서양에서 120마일이나 떨어져 있지만, 수심이 무척 깊으므로 초대형 선박도 무난히 강가로 접근할 수 있다. 델라웨어강 변에는 여섯 곳의 기선 도선장이 있어서 뉴저지New Jersey와의 왕래가 편하다. 스쿨킬강에는 세 개의 대교를 설치하여 펜실베이니아 중심지와의 왕래를 자유롭게 하였다.

도시 사람들이 산책하는 곳으로는 인디펜던스independence, 워싱턴, 프랭클린Franklin, 펜Penn과 같은 네모난 공터가 있다. 또한, 페어마운트 힐Fairmount Hill, 페어마운트 공원Fairmount Park이라는 유원지가 있다. 이 유원지는 스쿨킬강을 둘러싼 양쪽 기슭 언덕을 중심으로 천연의 산수가 만들어낸 곳이다. 공원답게 과일나무와 기이한 풀이 많고 자연 그대로의 모습이 실로 절경인 곳이다. 필라델피아의 시민은 유원지를 만들 때 자연 그대로의 모습을 지키는 것을 가장 중요하게 생각하는 듯하다. 그 때문에 천연의 좋은 경치를 찾아내고 이것에 사람의 힘을 더해 유람지로 만든 것을 자랑스러워하고, 뉴욕의 공원에 대해서는 완전히 인위적으로 조성되었기 때문에 자연 그대로의 아름다움이 없다고 평한다. 그러나 뉴욕 시민 역시 필라델피아 공원에 대해, 자연의 산과 들, 나무와 샘물을 유원지로 삼은 것에 지나지 않는다고 평하며 비웃는다. 두 도시의 사람들이 서로의 번영을 겨루는 것은 이 한 예만 보더라도 능히 헤아려 알 수 있을 것이다.

# 제19과 아이를 빼앗긴 이야기

옛날 에도江戸 유시마湯島에 사부로 베에三郎兵衛라는 자가 있었다. 폐지를 매매하며 겨우 생계를 유지하고 있었다. 이 자에게는 올해 9살이 된 아이가 있었는데 어느 날 집 밖에서 놀다가 갑자기 어떤 사람에게 납치되었다. 납치한 남자는 바로 무쓰陸奥로 도주하고자 하여 먼 길을 떠나게 되었는데, 9살 어린아이는 가는 길마다 폐지를 주웠다. 이에 남자가 "왜 이리 폐지를 줍는 것이냐?"고 물었더니, 아이가 대답하기를 "우리 아버지는 폐지 매매를 업으로 삼고 있습니다. 따라서 제가 폐지를 주워 모아 아버지께 드리려고 합니다."고 하였다.

이처럼 아이는 부모님을 그리워하였으며 잘 때나 일어날 때 또 밥을 먹을 때에도 항상 부모님을 위해 절을 하였다. 어느 날 아이가 "우리 아버지와 어머니는 무엇을 하고 계실까? 내가 이렇게 끌려 온 것을 필시 걱정하고 계실 거야."라고 말하고는 엎드려 울었다.

아이를 납치한 남자는 이 아이의 행동을 매일 눈여겨보다 점점 안쓰러운 마음이 생겼고 자신이 한 행동이 부끄러워졌다. 스스로 생각하기를 '내가 이 아이에게 한 행동에는 효행에 어긋나는 점이 두 가지 있다. 내 부모의 가르침을 지키지 않은 것이 첫 번째이다.

또한, 이 아이가 부모를 사랑하는 마음이 이렇게 깊고 절실한데 이를 빼앗았으니 이것이 두 번째이다. 그러므로 나의 행동은 호랑이와 이리가 하는 행위보다도 잔혹했다. 나는 즉시 이 아이를 부모에게 돌려줘야 한다. 설령 내가 길가에서 굶어 죽게 되더라도 지금부터 일생 사기와 약탈을 하지 않겠다.'라고 하였다.

이에 곧바로 에도로 돌아갔는데 유시마에 도착했을 때는 이미 해가 진 후라 아이의 부모가 집에 있었기에 남자는 집 밖에서 큰소리로 "지금 당신의 아이를 데리고 왔소. 당신은 이 이 아이를 데려가시오."라고 말하고 즉시 어디론가 사라졌다. 이후 6~7년 동안 이 남자의 행적을 알 수 없었는데, 어느 날 아이의 집 앞에 한 승려가 서성거렸다. 아버지는 이미 돌아가시고 아이가 주인이 되어 폐지 매매업을 하고 있었다. 승려는 그 집에 들어와서 "나는 예전에 당신을 납치했던 남자인데 죄를 참회하고 이처럼 승려가 되었소. 그러나 내가 이처럼 불도에 귀의한 것도 모두 당신의 효행 덕분이요."라고 말하고 함께 옛일에 관해 얘기를 나눈 뒤 이별을 고하고 떠나갔다고 한다.

이 이야기를 통해 잠시 잠들어 있던 양심도 다른 사람의 덕행을 보고 돌연히 깨어날 수 있음을 알아야 할 것이다. 그러므로 반대되는 것을 접하면 오히려 자신의 것을 명백하게 해 준다는 이로움이 있다. 이 남자가 다른 이의 덕행을 보고 즉시 자신의 부족한 면을 알게 된 것이 바로 그 일례이다.

# 제20과 화폐의 상품으로서의 가격

모든 개화된 나라에서 금, 은, 동과 같은 종류만을 사용해서 화폐를 만드는 이유는 무엇일까? 생각건대, 이들 금속은 융통할 상품으로서의 적합성이 다른 물건에 비해 뛰어나기 때문이다. 만약 이를 거스르고 야만인과 같이 소금, 가축, 조개껍데기를 화폐로 사용한다면 그 불편함이 대단히 클 것이다.

그런데 화폐를 제조할 때 금속을 사용할 뿐 아니라 그 금속 중에서도 이것저것 선택해서 사용하는 이유는 무엇일까? 즉 귀중한 화폐에는 금, 은만을 사용하고, 납, 철 등을 사용하는 경우는 없다는 것이다. 이는 물론 이유가 있다. 생각건대, 금, 은은 질이 좋고 희소하기 때문이며 그 값 역시 비싸다. 그 중에서도 황금은 대단히 비싸고 크기가 작으므로 운반이 특히 쉽다. 금화 20원은 크기가 1전 동화보다도 작고 중량 역시 불과 8돈쭝(30g) 8분分(3g)남짓이다. 따라서 30개의 가격은 600원이지만 그 중량은 대략 260돈(975g)에 지나지 않는다. 이처럼 금화는 휴대가 편하고 많은 물건을 살 수 있으므로 필연적으로 가격이 높은 것이다. 그런데 철의 경우에 600원 가격의 중량은 강건한 남자 4~5명이 힘을 합해도 들어 올릴 수 없어 화폐에 적당하지 않음을 알 수 있을 것이다. 만물 중에 크기가 작고 가치가 높은 것은 금강석이 제일이다. 그런데 이것을 화폐로 사용하지 않는 이유가 무엇인가 하면, 금강석은 무척 귀하고 중하지만 크기가 너무 작아서 오히려 불편하기 때문이다. 바늘의 뾰족한 부분 정도밖에 되지 않는 조각이라도 4~5원의 값어치가 된다. 그 때문에 거액의 물건을 지갑 솔기 사이로 빠뜨려서 잃어버릴 우려가 있다. 이것이 화폐에 적합하지 않은 이유이다. 또한, 1전, 2전 등 잔돈을 금, 은이 아니라 않고 동을 사용해 만드는 것도 이 때문이다. 그러므로 가격의 높고 낮음에 따라 물질을 달리 한 것은 모두 그 적합성을 따진 결과이다. 요컨대 금, 은, 동은 성질이 강해서 물건에 닿아도 쉽게 부서지지 않는다. 이것을 천만인 사이에서 융통하여도 형태가 파손되는 일이 없고, 양이 줄어드는 일도 드물다. 따라서 그 값어치를 잃어버릴까 우려할 일이 없다. 만약 이것을 유리와 같은 것으로 만든다면 깨지기 쉬워서 모든 사람이 큰 불편을 겪게 될 것이다.

# 제21과 화폐 주조

　우리나라에서 화폐를 주조하는 곳은 정부의 조폐국이다. 조폐국은 오사카大阪 덴마天満의 신카와사키초新川崎町에 있다. 건물 구조는 석조와 벽돌 두 가지 종류로 되어 있으며 대단히 장대하다. 조폐국 안의 공업장은 금은화폐 주조장과 동화폐 주조장 두 곳으로 크게 나뉜다. 또한, 별도로 조각, 공작, 제작 등의 여러 공장이 있다. 공장 안에 설치한 기계는 몇백 개 정도 되는데 모두 증기로 작동한다. 매우 웅장하고 정교하다.

　지금 여기서 1원 은화의 주조 절차를 대략 설명하겠다. 먼저 은지금地金38)을 은 9할 동 1할의 비율로 잘 섞어 이를 도가니*에서 녹인 뒤 철로 된 거푸집*에 부어 은조銀條를 만든다. 그 길이는 2자尺(약 60.6cm) 남짓, 폭은 1치寸4분分(약 4.2cm), 두께는 3분分(약 0.9cm) 정도이다. 이것을 1원 은화폐봉銀貨幣棒이라고 한다.

　이곳에 또 연신기39)라고 하는 도르래 기계가 있는데 강철로 만들어진 두 개의 축이 접혀 있다. 이 두 축의 틈 앞에 은봉을 꽂아

---

38) 화폐의 재료가 되는 금속이다.

39) 금속을 얇고 길게 잡아 늘이는 기계이다.

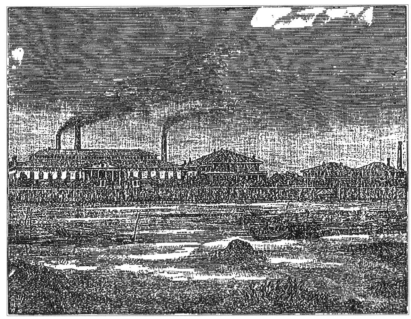

오사카 조폐국

넣고 옆 수레바퀴를 돌리면 두 축이 서로 돌아가게 되고, 은봉은 그 틈을 통과하면서 압착되어 다른 한쪽으로 나온다. 나온 은봉을 꺼내서 다시 집어넣고 이것을 10여 차례 반복하면 봉이 점점 늘어나 길이 6자尺(약 181.8cm) 정도가 된다. 이것을 가로로 잘라서 3장을 만들고 1장마다 앞의 늘리는 과정을 10여 차례 반복해야 비로소 은판銀板이 된다. 이때 판면의 평평함과 두께를 가려낸다.* 길이 3자尺(약 90.9cm) 두께 7리厘(약 0.21cm)를 1원 은화 제조의 기준으로 삼는다.

이 은판에 원형 절단기로 동그랗게 구멍을 뚫는다. 이것을 원형圓形이라고 한다. 1분 동안 150~160개를 뚫는다. 이 원형을 자동저울이라는 극히 정교한 저울에 달아 질량의 적합 여부를 검사하는

데, 1분에 약 24개의 무게를 잰다. 무게를 초과한 것은 삭감기削減機에 넣어 깎고 줄여서 정량을 맞추고 미달한 것은 다시 녹인다. 정량인 것만 연부기緣付機로 옮겨 원형의 테두리를 새긴다. 또한, 이 원형에 기름이나 때가 묻어서 청흑색이 되었을 때는 이것을 쇠 냄비 안에 나란히 놓고 화로 안에 넣어 열을 적절히 가한 뒤에 꺼내어 약 30분 정도 두었다가 도자기로 된 세정기에 넣는다. 세정기의 바닥에는 가는 구멍이 몇 개 있어서 체와 약간 비슷하다. 이것을 황산수에 담가 때를 제거해 하얀 광택이 생길 때까지 여러 번 맑은 물이 있는 통에 넣고, 다시 이것을 증기 건조 받침蒸気乾燥盤으로 건조한 뒤 극인기極印機로 옮긴다.

극인기는 큰 것 작은 것, 모난 것 둥근 것 등 여러 종류가 있지만, 지금 그 중에 하나를 설명하자면, 직사각형으로 높이 8자尺(약 242.4cm), 폭 3자尺 2치寸(약 97cm), 측면 6자尺(약 181.8cm)이다. 그 안에는 위아래 서로 마주한 두 개의 모형을 끼워놓았는데 그 모형에는 각 화폐의 모양을 새겨 넣었다. 위의 것을 표문表文이라고 하고 아래 것을 이문裏文이라고 하며, 이것을 합쳐 극인極印이라고 한다. 앞부분에 구리관이 있는데 원형을 그 안에 넣으면 집게가 집어서 극인 위로 보낸다. 극인이 위아래를 일제히 누르고 두드리면 원형의 면에 화폐 모양이 찍히는데 이것을 꺼내서 함 속에 내려놓는다. 1분에 약 60개를 찍어 낸다고 한다. 50전, 20전, 10전 등의 작은 은화를 만드는 방법 또한 이와 같다. 이미 만들어진 은화를 한 개씩 조사하고 다시 철판에서 쳐서 그 울림소리를 듣는다. 틈이 있는 것, 극인이 선명하지 않은 것, 소리가 좋지 않은 것 등은 모두 제외하고 불완전 화폐라 하여 녹인다. 완전한 것은 싸서 봉한 뒤에 비로소 유통할 물건으로 인정된다.

조폐국은 1868년 메이지明治 원년 건축에 착수하여 1870년에 준

공되었으며 1871년에 개업하였다. 기계와 주조법은 모두 서양에서 배워왔다. 기사와 세공인이 수백 명이고 매년 주조하는 금, 은, 동의 화폐가 수백만에 달한다. 실로 동양 유일의 조폐국으로 중국 등에서도 종종 화폐 재료를 보내어 주조를 요청하게 되었다. 앞으로 더욱 번성할 것임이 틀림없다.

---

*도가니(坩堝)
*거푸집(鑄型)
*가려내는 것(銓定)

# 제22과 다케다 신겐

다케다 신겐武田信玄은 본명이 하루노부晴信이다. 다케다 노부토라武田信虎의 장남이다. 침착하고 용기가 있으며 지략가였다. 그런데 아버지 노부토라는 차남 노부시게信繁를 사랑하여 그에게 대를 잇게 하려는 마음이 강하였다. 하루노부가 이를 알고는 일부러 우둔한 척을 하며 자신의 재능을 깊이 감추었다.* 하루노부가 병사 300명을 데리고 운노쿠치성海口城를 공격해 무너뜨리고 성주의 목을 베어 바치자 사람들은 처음으로 그의 지혜와 용기에 복종하게 되었다. 하지만 하루노부는 다시 어리석은 사람인 척을 하였다.

노부토라는 흉포하고 상과 벌을 내리는 데 기준이 없어 영지 내 사람들이 모두 힘들어했다. 이에 하루노부는 이마가와 요시모토今川義元와 결탁하여 노부토라를 폐할 음모를 꾸몄다. 그때 노부토라 역시 하루노부를 폐하고 노부

다케다 신겐

시계를 세우고자 하여 스스로 스루가駿河에 가서 요시모토義元에게 이를 상의하였는데, 요시모토는 만류하며 영지로 돌려보내지 않았다. 하루노부는 마침내 고후甲府를 거점으로 자립하였고, 노부토라가 영지에 들어오는 것을 허하지 않았다. 그러는 사이 하루노부는 조금씩 주색에 빠져들어 풍류를 즐겼고 정치에는 마음을 쓰지 않게 되었다. 이를 걱정한 이타가키 노부카타板垣信形는 몰래 시를 잘 짓는 승려를 집에 불러 시 짓는 것을 배웠고, 하루는 시연詩筵*에 배석해 시를 지어 하루노부를 매우 놀라게 하였다. 다시 새로운 시제를 받은 노부카타는 또다시 빠르게 시를 완성하였다. 이에 하루노부는 크게 기뻐하였다. 노부카타는 곧 시부詩賦가 대사를 그르치고 업무를 방해하는 폐해임을 아뢰며 이는 옳지 않다고 간언하였다. 하루노부는 깊이 깨달았고 결국 정사에만 힘을 쏟게 되었다.

하루노부는 또한 노부카타의 말에 따라 야마모토 간스케山本勘助를 기용하였다. 간스케는 미카와三河의 사람이다. 반맹에 절름발이*였고 용모가 무척 추했다. 그는 원래 이마가와 요시모토今川義元를 섬기려 했으나 요시모토는 그를 특별히 여기지 않았다. 이에 하루노부는 간스케를 불러서 담론을 나눈 뒤 그를 기꺼이 받아들이고 계책을 맡겼다. 이때부터 하루노부는 간스케의 책략으로 수많은 성을 함락시키고 적을 무찔렀다. 간스케는 결국 공로를 인정받아 많은 영지를 하사받았고, 이에 직접 스루가駿河로 가서 감사를 표했는데, 요시모토는 더 일찍 그를 기용하지 않은 것을 깊이 후회한다고 말했다.

하루노부는 머리를 자른 뒤 신겐信玄이라 칭하였고 시나노信濃지역을 빈번히 침략했다. 이에 무라카미 요시키요村上義清는 다카나시高梨, 스타須田 등과 함께 에치고越後로 달려가 우에스기 겐신上杉謙信에게 투항하고 구원을 청했다. 겐신이 말하기를 "너희들은 결코 누

군가의 밑에 설 자들이 아니다. 그런데도 나에게 와서 부탁하는구나. 이는 나를 안다는 것이다. 나를 아는 자를 만났는데 힘을 쓰지 않는 것은 장부가 아니다."라고 하였다. 결국, 이를 수락하고 즉시 병사를 시나노信濃로 보내 신겐과 가와나카지마河中島에서 전투를 벌였다. 전투는 총 5회에 이르며 서로 승과 패를 나눠 가졌다. 그런데 이 두 장수가 가와나카지마온군川中島四郡40) 때문에 헛되이 벌인 전쟁이 12년에 이르렀기에 양 가문에서 가장 힘센 사람을 한 사람씩 뽑아 결투를 벌이게 해서 이긴 자가 곧 가와나카지마를 차지하기로 약속했다. 그리고 우에스기 가문의 사람이 이겼기 때문에 신겐은 가이즈貝津의 한 성을 갖고 나머지는 모두 겐신이 차지하게 되었다. 이리하여 겐신은 요시키요 등이 원래 소유하던 땅을 돌려주었다.

그러는 사이에 신겐은 다시 이마카와 우지자네今川氏真를 공격하여 쫓아 버린 뒤 스루가駿河의 여러 성을 차지했다. 그리고 결국 도쿠가와 가문德川氏과 오이가와大井河를 분계선으로 삼기로 약조하였다. 이에 신겐이 지배하는 곳은 가이甲斐, 시나노, 히다飛驒, 스루가, 우에노上野의 다섯 지역이 되었다. 그 후 계속해서 군사를 출병해 전투를 벌였고 도쿠가와 가문과 미카타가하라三形原에서 싸워 큰 승리를 거뒀다. 이때 다시 노다성野田城를 공격하다가 병을 얻고 돌아왔고 회복한 뒤에 또다시 미카와三河를 공격했는데 이때 병이 재발하였다. 이렇게 되자 신겐은 자신이 일어나지 못할 것을 깨닫고 후사를 결정하였으며 결국 숨을 거두게 된다. 그의 나이 53세였다. 장수들은 유명遺命에 따라 그의 사망을 숨겼고, 신겐과 용모가 닮은 동생 노부쓰나信綱가 이슥한 밤에 가마를 타고 영지로 가 여러 지

---

40) 호쿠신지방(北信地方) 전체, 현 나가노현(長野県) 북부를 가리키는 말이다.

역 사신을 접견했다. 그런데도 주변 영지에서 비밀리에 신겐의 죽음을 전해 듣고 이를 겐신에게 고하는 자가 있었다. 겐신은 마침 식사를 하고 있었는데 젓가락을 놓고 한탄하며 말하기를 "아아, 내가 좋아하는 적수를 잃었구나. 세상에 이러한 영웅이 다시 있을까?"라고 하였다. 그리고 한동안 눈물을 흘렸다고 한다.

---

*도회(韜晦): 숨기어 감추는 일
*시연(詩筵): 시를 짓는 자리를 말한다.
*절름발이(瘰躄)

# 제23과 가난한 사람과 부자 1

가난한 사람이 부자를 부러워하는 것은 동서고금이 다를 바 없다. 심한 경우는 부자의 직업을 증오하고 빈부의 격차를 없애려는 이론을 주창하는 자도 있다. 하지만 부자는 본디 가난한 사람에게 해를 끼치는 사람이 아니다. 빈부는 상호 유익한 것으로 가난한 사람의 안락함은 대부분 부자의 부에서 비롯된 것이다. 지금 여기에서 가난한 사람이 부자를 증오하여 오히려 자신이 해를 입게 되는 서양의 옛날이야기를 소개하여 이를 증명하려 한다.

어느 곳에 존 홉킨스John Hopkins라는 일용직 인부가 있었다. 가족이 6~7명이나 되어 자기 혼자만의 급여만으로는 그들을 부양하기 어려웠다. 그래서 신에게 기도하여 말하기를 "저는 지금 굶주림에 시달리고 있습니다. 그런데 부자는 마차를 몰고 길거리를 돌아다니고 그 아내와 아이들은 아름다운 옷, 맛있는 음식을 먹으면서도 저 같은 사람에게 은혜를 베풀 마음이 전혀 없습니다. 부자가 제멋대로 하게 한다면 우리들의 일용품까지도 이들에게 바쳐야 할 것입니다. 원하건대 신이시여 이를 굶어살펴 주십시오."라고 했다. 이때 신이 갑자기 나타나시어 "네 말에 일리가 있다. 나는 항상 힘이 닿는 한 너희들을 가호하려 했다. 하지만 네가 아름다운 옷, 좋은 음식, 훌륭한 물건을 증오하니 내가 이 채찍을 한번 휘둘러서 즉시 이 물건들을 부숴 없앨 수 있다. 네가 이를 간절히 바란다고 말한다면 곧 이뤄 줄 것이다." 존은 머리를 조아리고 엎드려서 신의 말을 듣고 있다가 바로 고개를 들고 그 물건들을 부숴 없애 달라고 부탁했다.

이에 신이 이내 채찍을 휘두르니 큰 집과 높은 건물들은 갑자기 작은 초가집으로, 아름다운 옷은 초라한 옷으로 바뀌었다. 마차의 형상도 짐수레로 바뀌었고, 말 또한 털을 잃어 매우 추한 모습이 되었다. 무릇 인생에 필요하지 않은 물건은 모두 제 기능을 잃었고, 필수품만이 간신히 그 형태를 유지하게 되었다. 존은 이것을 보고 크게 기뻐했는데, 신이 존에게 말하기를 "7일 후에 반드시 이곳에 올 것이다. 그때 너는 네가 원한 것이 과연 자신에게 이익이 되는 일이었는지를 알게 될 것이다."라고 하였다.

존은 자신이 기도가 헛되지 않았음을 기뻐하였고 이 사실을 아내와 자식들에게 말하기 위해 서둘러 집으로 돌아갔다. 부인을 보자마자 "지금부터는 빈부의 차이가 없어질 것이오. 부자가 잃은 것은 반드시 가난한 사람의 이득이 될 것이고 결국 모든 일이 이제까지와는 달라질 것이오."라고 말하며 크게 기뻐했다. 그러나 부인은 이를 듣고 조금도 기뻐하는 기색이 없었다. 선약이 있어서 다른 곳에 가기 위해 옷을 꺼내어 보니 이게 어찌 된 일인지 비단의 겹옷이 무명옷으로 바뀌어 있고 선물 받은 아름다운 차 도구도 질그릇으로 바뀌어 있었다. 부인은 이를 보고 깜짝 놀랐는데 이때 갑자기 막내 아이가 큰 소리로 울며 집으로 돌아왔다. "왜 울면서 오니?"라고 묻자 막내 아이가 큰 소리로 "밖에서 하고羽子41)를 치고 있었

---

41) 모감주나무 열매에 구멍을 뚫어서 새털을 끼운 것으로 하고이타(羽子板)라는 나무 판으

는데 하고가 갑자기 공중으로 날아가 버렸고 하고이타羽子板42)는 이처럼 볼품없는 나뭇조각이 되었어요."라고 말하며 또 울었다. 존은 이를 듣고 매우 놀랐고 어찌할 바를 몰라 하며 부인에게 담뱃갑과 담뱃대를 갖고 오라고 했다. 부인이 이를 갖고 오니 담뱃대의 금속이 모두 녹아 대나무만 남아 있고 담뱃갑을 열자 모두 흔적도 없이 사라진 상태이었다. 부부는 이를 보고 또다시 매우 놀랐는데, 존은 혼자 마음속으로 '지난번 신에게 부자가 가진 물건만 부숴달라고 하지 않은 것은 일생의 잘못이다. 다음번에 신을 만나면 이를 다시 부탁해야겠다.'라고 생각했다.

그러는 동안 동생 리차드Richard가 갑자기 집으로 돌아왔다. 리차드는 실 도매상에서 일했는데 실이 갑자기 없어져 일할 수 없게 되었기 때문에 이처럼 돌아온 것이었다. 또한, 맏아들 잭Jack은 마차 제조인의 집에서 일했는데, 마차가 모두 짐수레로 바뀌어 마차를 제조할 필요가 없어졌기 때문에 잭의 일자리도 자연히 없어져 집에 돌아오게 되었다. 이와 같은 사정으로 존은 매우 곤란해졌지만, 자신은 농사일만을 하는 터라 조금은 안심하고 있었다. 왜냐하면, 농부가 밭을 가는 물건은 인간의 필수품이기 때문이다.

---

로 치면서 주고받는 놀이를 한다.
42) 하고를 치고받는 나무판을 말한다.

# 제24과 가난한 사람과 부자 2

　하루 이틀이 지나고 존은 평소와 같이 논밭을 갈고 있었는데 마침 그곳에 지주가 왔다. 하지만 그의 의복 등이 크게 바뀌어 한눈에 지주인 것을 알아보기 힘들 정도였다. 지주는 존 옆으로 와서 "넌 정말 정직하구나. 하지만 이제 직업을 잃게 될 것이다. 다른 직업을 구할 때까지 수당으로 3원을 주겠다."라고 하였다.

　이 말을 들은 존은 얼마 전 자신이 신에게 기도한 것을 지주가 알게 된 것은 아닌지 의심하였다. 이에 지주를 향해 "저는 어떠한 일이 있어도 당신을 존경할 것입니다."라고 말했으나 지주는 이를 막으며 "나는 이제 평범한 농부와 다름없으므로 나를 특별히 존경할 필요가 없네. 단지 나는 수십 정町의 논밭을 소유하고 있을 뿐인데 이를 전부 경작할 수 없으므로 이제부터는 그 절반을 황무지로 만들 것이네."라고 하였다. 존이 놀라 말하기를 "곡물과 채소는 사치품이 아니므로 예전처럼 이것을 내다 팔면 필시 큰 이득을 볼 수 있을 것입니다."라고 하였다. 지주가 천천히 말하기를 "나의 생계를 위해서는 내 논밭의 절반을 경작하는 것만으로 충분할 것이다. 어찌 그 이상 경작할 필요가 있겠느냐? 또 사고자 하는 사치품도 없으므로 고용인의 급료와 식솔들에게 필요한 의복을 마련할 비용만 있다면 그 외에 필요한 것이 없다. 따라서 논밭의 절반은 경작하지 않기로 했다. 이것이 너를 고용할 필요가 없는 이유이다."라고 하였다.

존은 이에 크게 낙담하였고 곳곳에서 직업을 잃은 사람들이 슬퍼 우는 소리를 들을 때마다 가슴에 못이 박히는 듯했다. 그러다 약속한 날이 되었기 때문에 서둘러 신이 계신 곳으로 가, 만사 만물을 예전으로 돌려 달라고 기도하였다. 신이 웃으며 채찍을 쥐고 다시 한번 휘두르니 만물이 모습을 바꾸었다. 작은 초가집이 이내 웅장하고 아름다운 저택으로 바뀌었고 짐수레 역시 아름다운 마차가 되었다. 일단 파괴되었던 제조장도 옛날과 같은 모습으로 재건되었고 직업을 잃었던 사람들은 다시 원래 자리로 갈 수 있게 되었다. 이에 만사 만물이 다시 번영하는 외관을 갖추었다.

존은 이 경험을 통해 크게 깨우친 바가 있었다. 그래서 스스로의 가난을 호소하고 이를 부자의 죄 탓으로 돌리는 사람을 볼 때마다 가난한 사람이 부자의 사치로 인해 오히려 이익을 본다는 것을 설명해 주었다. 만일 설명을 해도 뜻을 굽히지 않을 때는 자신의 경험을 예로 들어 이를 증명해 보였다. 이 이야기를 통해 부자는 원래 가난한 사람에게 해를 끼치는 사람이 아니고 빈부는 서로 유익하여 가난한 사람의 안락함은 대부분 부자의 부에서 비롯된다는 이치를 알아야 할 것이다.

# 제25과 일식 월식

달이 지구를 돌아 공전하는 궤도면은 지구가 태양을 돌아 공전하는 궤도면과 평행을 이루지 않고 5도의 거리만큼 서로 기울어져 있다. 그 때문에 달의 궤도에는 지구 궤도와 만나는 곳이 있는데 이를 교점交軌點이라고 한다. 그리고 달이 지구를 돌아서 공전하면 달의 궤도 절반은 지구 궤도 위에 있지만, 나머지 반은 그 밑에 있게 된다. 이처럼 달은 지구 궤도의 위아래로 공전하기 때문에, 반드시 공전 중에 지구의 궤도와 두 번은 만나게 된다. 서로 만났을 때 달이 지구와 태양 사이에 있으면 일식이 되고, 만월에 즈음해서 달과 태양 가운데 지구가 오면 월식이 생긴다. 이는 그림으로 보면 명백히 알 수 있을 것이다.

일식과 월식

이 그림을 보면 A에서 달이 햇빛을 가리고 있고 달의 그림자가 지구 한쪽 면에 드리워져 있다. 이때 달은 지구와 태양 사이에 있어서 그림자가 드리우는 지역의 사람은 태양을 볼 수 없다. 이른바 일식이라는 것이다. B에서 달은 지구의 그림자에 가려져, 즉 달과 태양 사이의 지구가 햇빛을 가려 햇빛을 받지 못한다. 이것이 이른바 월식이라는 것이다.

달의 그림자에는 암흑의 그림자와 반그림자가 있다. 그 이유가 무엇인가 하면, 태양이 하나의 가늘고 작은 광체라면 그림자는 완전히 검은 그림자이며 반그림자는 없을 것이다. 그렇지만 태양은 거대한 광체이기 때문에, 빛이 전혀 없는 검은 그림자 주위에 희미한 빛을 내는 고리 모양의 띠가 있고 이것이 반그림자를 이루게 되는 것이다. 예를 들어 지금 2개의 초를 잡아 태양의 양극이라고 하고, 그 앞에 물체를 하나 두어 그 그림자가 벽 위에 생기게 해보자. 그러면 2개의 초에서 생긴 검은 그림자 옆에 약간 빛이 있는 반그림자를 보게 될 것이다. 이것이 바로 1개의 초에서 생긴 그림자이며 이는 마치 태양의 한쪽 끝에서 오는 희미한 빛과 같다.

달은 서쪽에서 동쪽으로 공전하기 때문에 월식이 일어나 지구가 만들어내는 반그림자 속으로 들어가기 시작하면 동쪽 부분이 점점 어두워지게 된다. 달이 검은 그림자 속으로 들어가면 동쪽 부분이 거의 가려지게 된다. 이때 지구의 둥근 형체를 명확히 볼 수 있다. 더 진행되어 달이 완전히 검은 그림자 속으로 사라졌을 때 이것을 개기월식이라고 부른다. 그러나 이때에도 공기의 작용 때문에 햇빛이 굴절되기 때문에 달 표면이 완전히 암흑이 되지는 않는다. 때때로 달 표면이 약간 붉게 보이는 일도 있다. 개기월식 시간은 약 1시간 45분이다. 만약 달이 정확하게 교점으로 오지 않고 조금 떨어져 있을 때는 부분월식이 된다. 단 가려지는 정도는 교점에서의 거리에 따른다는 것을 알아야 한다.

　개기일식은 지구에 드리우는 달의 그림자 지름이 매우 좁으므로 그 구역이 150마일밖에 되지 않는다. 그래서 개기일식은 달의 검은 그림자에 들어간 지역의 사람만이 볼 수 있다. 따라서 개기일식을 볼 수 있는 지역은 매우 드물다. 또한, 태양에는 금환일식이 있다. 이것은 달과 태양의 거리가 평소보다 가깝고 달의 지름이 태양의 지름보다 작게 보일 때 생기는 것이다. 이와 같은 때는 태양 주위에 좁고 둥근 빛의 테가 나타나고 나머지 부분은 모두 암흑이 된다. 또한, 부분일식은 부분월식과 원리가 같다. 달이 정확히 교점에 있고 태양과 지구가 일직선을 이루지 못한 채 교점에 조금씩 접근할 때, 부분월식이 되거나 부분일식이 된다. 부분월식은 달이 지구의 그림자 속으로 완전히 들어가지 못해서 생긴다. 또 부분일식은 달이 지구와 태양 사이를 정확히 지나가지 못해서 생기는 것이다.

# 제26과 펌프

펌프Pump는 매우 요긴한 기계이기 때문에 그 구조를 이해하는 것 또한 무척 중요하다. 먼저 주요 부분에 관해 설명하자면, 첫 번째 파이프筒이고, 두 번째 피스톤活塞이며, 세 번째 2개의 밸브瓣, 네 번째 우물에 닿아 있는 흡입관吸引管이라는 긴 관으로 구성된다. 그리고 물이 분출되는 주둥이와 펌프를 작용시키는 지렛대 또한 매우 중요한 구성요소이다.

파이프란 긴 관으로 그 구멍의 굵기가 같다. 소재는 대부분 구리와 쇠인데 예전에는 납을 사용했다. 하지만 납은 변형되기 쉬워서 불편한 점이 적지 않았다. 피스톤은 파이프에 꼭 맞는 마개로 금속이나 나무로 만들며 대체로 여기에 가죽을 덮어씌우고 그 중심에 밸브를 설치한다. 금속의 자루가 피스톤과 지렛대를 연결한다. 또한, 밸브는 작은 문이며 파이프 위에서 경

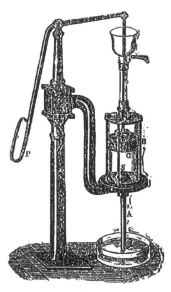

펌프

첩으로 유량을 조절한다. 밸브는 질긴 가죽을 사용해 만들고 무게를 더하기 위해 납을 붙인다. 일반적인 펌프에는 2개의 밸브가 있는데, 하나는 피스톤 파이프 위에 붙이기 때문에 피스톤 밸브라고 하고, 또 하나는 파이프 밑에 설치하기 때문에 파이프 밸브라고 부른다. 그리고 흡인관은 납이나 철로 만들며 보통 파이프보다 가늘게 만든다. 그 높이는 25자尺(약 7.58m)를 넘으면 안 된다.

더 나아가 펌프의 작용에 관해 설명하면, 먼저 피스톤은 파이프의 가장 밑 부분에 있어야 한다. 그리고 밸브는 한쪽으로만 열리는데 보통 위쪽으로 열린다. 지금 손잡이를 잡고 밸브를 위로 올리면 피스톤은 반드시 이와 함께 올라올 것이다. 이때 피스톤과 통 바닥 사이는 반드시 진공상태가 된다. 이 때문에 흡입관 안의 공기가 곧바로 파이프의 밸브를 열고 파이프 안으로 세차게 들어갈 것이다. 이때 흡입관 내의 물을 밀어내는 공기의 중량은 반드시 처음보다 감소하게 된다. 하지만 흡입관 밖의 우물물을 밀어내는 공기의 중량은 처음과 같다. 따라서 물이 관 속에서 밀려 내려가는 힘보다 관 밖에서 밀려 올라가는 힘이 강하기 때문에 어느 정도는 흡입관 속으로 밀려 올라갈 것이다.

다시 피스톤을 밀어 내리면 두 개의 밸브 사이의 공기가 압축되어도 그 공기는 아래쪽으로 내려가지 못하고 곧바로 피스톤 밸브를 밀어젖혀 위쪽으로 분출하게 된다. 이처럼 피스톤을 한번 올리고 내리는 것만으로 물을 흡입관 속에 밀어 올릴 수 있고, 두 번 올리고 내려서 공기를 더욱 제거하면 흡입관 속에 더욱 많은 물을 밀어 올릴 수 있다. 이리하면 마침내 물이 파이프 밸브를 열고 파이프 속으로 세차게 들어가게 된다. 따라서 다시 피스톤을 밀어 내리면 이젠 공기가 없으므로 파이프 속의 물이 바로 피스톤 밸브를 열어 상부로 올라간다. 그래서 피스톤을 다시 한번 올리면 물이 함께 올라와 주둥이로 분출되는 것이다.

하지만 물이 밀려 올라오는 것은 흡입관 밖의 우물물을 공기가 밀어내기 때문이라는 이치를 알아야 한다. 왜냐하면, 흡입관 내의 공기를 없애 물을 밀어 올리는 것은 외부의 압력을 이용한 것이기 때문이다. 단 공기의 압력으로는 34자尺(약 10.3m)까지만 관속의 물을 지탱할 수 있다. 그 때문에 아무리 좋은 펌프라고 해도 흡입관은 이보다 길 수 없다. 그래서 실제로 흡입관의 길이가 25자(약 7.58m)를 넘게 되면 쓸모없는 펌프가 된다. 만약 더욱 높은 곳까지 물을 길어 올리고 싶다면 압상壓上 펌프라고 하는 다른 종류의 펌프를 사용해야 한다. 펌프의 주둥이는 굉장히 낮은 곳에 긴 관에 연결되어 있고 피스톤에는 밸브도 없고 구멍도 없는 것을 상상하면 될 것이다. 이것이 바로 압상 펌프이다. 소화기관消火機關*은 이 중의 압착 펌프인데 최근에는 증기기관을 사용하도록 개량되었다. 따라서 오늘날은 화재가 발생해도 큰 위험과 피해를 일으키지 않게 되었다.

펌프는 고대부터 사용해 왔지만, 그 작용 원리는 고작 200년 전에 밝혀졌다. 옛날 플로렌스Florence 후작이 깊은 우물에서 물을 끌어 올리려고 온갖 방법을 사용했는데 물이 전혀 올라오지 않았다. 사람들 모두가 이를 매우 이상히 여겨 당시의 대학자인 갈릴레오Galileo에게 질문하였다. 갈릴레오는 물이 올라오지 않는 이유를 설명하였고, 비로소 그 원리가 알려지게 되었다.

---

*소화기관(消火機關): 불을 끄는 도구이다.

# 제27과 우에스기 겐신

　우에스기 겐신上杉謙信의 아버지는 나가오 다메카게長尾為景이다. 다메카게는 에나미江波 아무개 때문에 죽임을 당했다. 다메카게에게는 아들이 넷 있었다. 겐신은 네 번째 아들이다. 아명은 도라치요虎千代였으며 장성한 뒤에는 가게토라景虎라 하였다. 가게토라는 어린 나이에도 담력과 지력이 있었지만, 아버지 다메카게는 그를 사랑하지 않아 도치오橡尾로 쫓아내 장차 승려가 되게 하였다. 그러나 가게토라는 승려의 일을 전혀 배우지 않았다.

　다메카게가 숨을 거두자 권신들이 모반을 일으켜 다메카게의 아들 가게야스景康, 가게후사景房를 죽였다. 이때 13살이었던 가게토라는 도망을 쳐서 대문에 이르렀는데 이때 문지기門者가 그를 대자리 평상簀床* 밑에 숨겨주었다. 밤이 되어 가게토라를 나오게 하려는데 마침 그는 깊이 잠들어 있었다. 이에 불러 깨운 뒤 몰래 가스가야마사春日山寺에 들어가 절의 승려와 함께 도치오로 도망가게 하였다. 하지만 권신들이 이들을 샅샅이 찾아다녔기 때문에 이를 피해 이곳을 나온 가게토라는 요네야마米山에 올라서서 저 멀리 후나이府內를 바라보며 "내가 후일 병사를 일으켜서 이 지역에 돌아오게 되면 반드시 여기에 진을 칠 것이다."라고 하였다. 결국, 호쿠리쿠北陸, 히가시야마東山의 여러 지역을 차례로 살펴보고 돌아와서는 우사미 사다유키宇佐美定行 등과 함께 거병하여 적군을 크게 무찔렀다. 큰 형 하루카게晴景는 이에 앞서 반역자들의 추대로 장수가 되었지만, 상황이 이렇게 되자 궁지에 몰려 자살하였고, 권신들도 또한 대부분 죽임을 당하여 에치고越後 전 지역이 평정되었다.

이에 모든 장병이 가게토라를 영주로 추대하고자 하였으나 가게토라는 거절하며 말하길 "나는 위아래 사람들의 강요로 형님에 맞서 싸웠다. 그런데 지금 에치고의 영주가 된다면 세상 사람들이 나를 뭐라고 하겠는가? 나는 이곳을 떠나 승려가 되어 나의 뜻을 명백히 보여 줄 것이다."라고 하였다. 결국, 머리를 깎고 겐신이라 이름을 바꾼 뒤 곧바로 고야산高野山에 들어가려 하였다. 여러 장병이 연서連署*하여, 뜻을 바꿔 영지를 다스려 줄 것을 청하였다. 겐신이 말하기를 "영주를 두는 것은 명령을 따르기 위함이다. 만약 명령을 따르지 않는다면 영주는 없어도 된다. 지금부터 내 명을 거역한다면 나는 과감히 그만둘 것이다."라고 하였다. 결국, 여러 장수가 서약하였고 다음 날 명령을 사사로이 한 다이진大臣 16명에게 자결을 명했다. 여러 장수는 이를 보고 모두 벌벌 떨었다. 이윽고 겐신은 단조쇼히쓰弾正少弼43)에 임명되어 종5위從五位로 봉해졌다. 이에 직접 수도로 들어가 명을 받들어 쇼군 요시테루義輝를 알현하고 돌아왔다.

겐신은 무라카미 요시키요村上義清의 청을 받아들여 다케다 신겐武田信玄과 12년간의 오랜 전쟁을 벌이게 된다. 가와나카지마河中島 전투에서 신겐은 수십 명의 기병과 함께 달려갔는데 얼굴에 흰 천을 두른 기병 하나가 큰 칼을 빼 들고 와서는 "신겐! 어디 있느냐?"

---

43) 율령제의 경찰 기관인 단조다이(弾正台)의 차관에 해당하는 관직이다.

고 외쳤다. 신겐이 말을 달려 강을 건너 도망가려 하니 그 기병 또한 강을 건너와 칼을 들고 그를 공격했다. 신겐은 칼을 **빼** 들 틈이 없어 들고 있던 지휘용 부채로 이를 막았으니 부채가 부러져 어깨를 베인다. 때마침 가이甲斐의 군사가 와서 창으로 말을 찔렀고 말이 놀라 여울 속湍中*으로 들어갔기 때문에 신겐은 시간을 벌어 간신히 벗어날 수 있었다. 이 기병이 바로 겐신이었다.

겐신은 또한 엣추越中, 가가加賀에 끊임없이 병사를 보내어 결국 이 지역을 차지한다. 그 후 우에스기 노리마사上杉憲政를 도와 호조 우지야스北条氏康를 공격하였고 향하는 곳 모두를 굴복시켰다. 이때 노리마사와 부자의 연을 맺어 결국 우에스기 씨라 칭하게 된다. 다시 수도에 들어오게 되자 천황께서는 특별히 술을 내리시고 상으로 명검도 내리시며 칭찬하셨다. 쇼군 요시테루도 특별히 그를 간토간레이關東管領에 임명하였는데, 이는 지난날의 산간레이三管領에 해당한다. 또한, 자신의 이름 중 한 글자를 내려주어 이름을 데루토라輝虎라 개명해주었다. 다케다 신겐이 죽은 뒤 장수와 병사들 모두가 가이甲斐를 **빼앗**으라 권하였는데 겐신이 말하기를 "나는 신겐과 수십 차례 전투를 벌였으나 그곳을 차지할 수 없었다. 지금 그가 죽었다 하여 그곳을 차지한다면 내 어찌 천하를 마주할 수 있겠는가?"라고 하였다. 결국, 엣추, 가가, 노토能登를 공격하였고 다른 장수를 시켜 히다飛騨를 **빼앗**게 하였다.

당시 오다 노부나가織田信長는 겐신에게 자신을 낮추는 말투를 사용했고 예를 갖추어 예전에 신겐을 섬긴 것과 같이 섬겼다. 이윽고 겐신이 노부나가에게 사자를 보냈는데 편지에는 "공, 종종 기나이畿內의 적과 전투를 즐기는데 아직 북쪽 사람의 기량을 보지 못했소. 내년 3월을 기해 8주八州44)의 병사를 이끌고 서쪽으로 가, 공과 만나기를 청하오."라고 쓰여 있었다. 노부나가는 사자를 가까이 오게 하여 말하기를 "노부나가가 어찌 공과 전투를 벌이겠습니까? 공께서 오신다면 혼자 말을 타고 마중을 나가 알현할 것이며 수도로 안내하겠습니다."라고 하였다. 겐신은 이를 듣고 웃으며 "노부나가는 간사한 영웅이로구나. 감언으로 나를 방심하게 하려는 것이다."라고 하였다. 그리하여 격문을 돌려 관내 여덟 개 지역의 병사를 모집하였다. 이에 호쿠리쿠北陸 여러 영지의 병사들이 격문에 응하여 운집하였기 때문에 겐신은 몸소 선발을 약속하였고 곧 군을 일으키기로 하였다. 하지만 거병 이틀 전에 병이 나 결국 숨을 거두었는데 이때 그의 나이 49세였다. 노부나가가 크게 기뻐하며 말하길 "이제 천하는 크게 안정될 것이다."라고 하였다. 생각건대, 노부나가는 신겐과 겐신을 크게 두려워하였고 두 장수가 죽은 뒤 비로소 그 뜻을 이룰 수 있었던 것이다. 또한, 이로써 두 장수의 전략을 능가하게 되었다.

---

*대자리 평상(簀床): 대자리를 덮은 평상이다.
*연서(連署): 연판(連判)과 같은 것이다.
*여울 속(湍中)

---

44) 간토(関東)의 여덟 개 지역인 사가미(相模), 무사시(武蔵), 아와(安房), 가즈사(上総), 시모우사(下総), 히타치(常陸), 고즈케(上野), 시모쓰케(下野)를 말한다.

# 제28과 영사咏史 2수

채찍 소리 요란하게 한밤중에 강을 건너는데
천병이 대장의 깃발大牙*을 에워싼 걸 보았도다.
아쉽구나. 10년이나 칼을 갈았는데
유성流星* 아래에서 긴 뱀을 놓쳐버리다니.

군대의 기세가 뛰어나다는 것은 의심할 수 없다.
노장군의 도략韜略은 전훈䑞軍을 대신하니*
말발굽으로 8주를 깔아뭉개고*
백우白羽*로 군사를 지휘하며 세 번이나 구름을 넘나드네.
창을 가로 놓은 진영에는 서리가 가득하고 가을 기색이 완연하구나.*
하무枚를 물고 조용히 짙은 안개 속을 행군하니*
늠름한 그 기개가 천고를 능가하네.*
그대가 늙은 역적과 함께 거론되는 것이 늘 애석하도다.*

라이노보루頼襄

*대장의 깃발(大牙)

*유성(流星): 칼 빛을 비유한 것이다.

*긴 뱀(長蛇): 춘추좌씨전(左傳)의 '오나라가 큰 돼지와 긴 뱀과 같이 다른 나라를 침략한다', 는 구절에 나온 '긴 뱀'을 다케다 신겐(武田信玄)을 비유한 것이다.

*노장군의 도략은 전훈을 대신하니(夙將韜略代羶葷): 도략(韜略)은 육도삼략(六韜三略)이다. 전(羶)은 비린내 나는 것을 뜻한다. 훈(葷)은 냄새나는 채소를 뜻한다. 이 모두 사람들이 즐기는 것인데, 이를 대신한다는 것은 겐신이 전쟁을 너무나 좋아하여 비린내 나는 고기와 향이 강한 채소보다 육도삼략을 사랑했다는 것을 뜻한다.

*말발굽으로 8주를 깔아뭉개고(碧蹄蹂躪八州草): 우에스기 겐신(上杉謙信)이 오다와라(小田原)의 호조 가문을 공격한 것을 말한다. 벽제(碧蹄)는 말발굽을 말한다.

*백우(白羽): 제갈공명이 백우선(白羽子)을 들고 삼국을 지휘하던 것을 다케다 겐신의 지휘에 비유한 것이다.

*창을 가로 놓은 진영에는 서리가 가득하고 가을 기색이 완연하구나(橫槊繁霜秋滿陣): 소(槊)는 창이다. 위나라의 조조가 창을 가로놓고 시를 지은 것을 우에스기 겐신이 전쟁 중에 '진영에 서리가 가득하고 가을 기색이 청량하구나'라는 시를 지은 것에 비유한 것이다.

*하무를 물고 조용히 짙은 안개 속을 행군하니(銜枚大霧曉藏軍): 하무(枚)는 전쟁 중 몰래 적을 공격할 때 소리를 내지 않기 위해 입에 무는 나무이다. 겐신이 짙은 안개 속에 군대를 숨겨 신겐의 군대에 접근한 것을 말한다.

*늠름한 그 기개가 천고를 능가하네(稜稜俠骨高千古): 위세가 있고 의협심이 강한 모습이 옛 사람들보다 훨씬 뛰어났다는 것을 말한다.

*그대가 늙은 역적과 함께 거론되는 것이 늘 애석하도다(老賊齊名長惜君): 노적(老賊)은 신겐을 말하며, 겐신이 그와 나란히 거론되는 것을 애석히 여기는 것을 의미한다.

# 제29과 합중국의 광업

  고대 사람은 돌로 다양한 날붙이를 만들어 물건을 자르는 용도
로 사용하였다. 이 시대를 석기시대라고 한다. 사람의 지능이 점점
발달하면서 최초로 동광을 채굴하게 되었고 점차 금과 은도 캘 수
있게 되었다. 그러나 이 세 종류의 금속만을 귀중히 여긴 시대는
인간의 지혜가 아직 중등 수준이었는데, 이때를 청동기 시대[45]라
고 한다. 그러나 매우 강하고 단단한 철을 사용해서 기계를 만들지
못하는 나라는 부를 쌓기 어렵다. 그래서 모든 사람이 철을 귀히
여기는 시대를 철기 시대라고 부른다. 이처럼 광물은 고대부터 인
간이 사용한 물질인데 그 중에서도 철을 사용하는 일이 많지 않다
면 여러 공업의 번성을 기대할 수 없다. 따라서 각국의 철 사용량
이 매년 계속 증가하는 것은 문명의 징조라고 할 수 있다.
  합중국의 땅은 세계적으로 광물이 풍부하며, 높은 산과 가파른
고개가 적지 않다. 산맥은 네 개로 나뉜다. 태평양 서안부터 열거해
보면, 첫 번째는 해안의 산맥이고, 두 번째는 시에라네바다Sierra
Nevada 산맥이다. 세 번째는 로키Rocky 대산맥이고 네 번째는 엘러게

---

45) 원문에는 금의 시대(金の時代)라고 되어 있지만 청동기 시대로 의역하였다.

니Alleghany 산맥이다. 이 네 개의 산맥을 제외하면 대부분의 지역이 평원인데, 미시시피Mississippi강 골짜기는 백만 마일이나 되는 기름진 평야이기 때문에 전국의 농산물은 대부분 이 땅에서 나온다고 한다. 땅이 넓어 도로의 개보수가 완전하지는 않지만, 철도가 닿지 않는 곳이 거의 없고 그 길이는 9만 마일 정도에 이른다. 또한, 배가 다니는 강과 호수의 길이는 2만 마일이나 되는 데다 운하의 길이도 4천여 마일이다. 그러므로 합중국은 건국된 지 백여 년밖에 안 됐지만, 부를 만들어내는 수단이 잘 갖춰져 있으므로, 자연에 흩어져 있는 부를 거두고 여기에 값을 매겨 다시 각국으로 수송해 값을 올리기에 최적의 나라이다. 광물 중 생산 이익이 제일 높은 것은 석탄과 철이다. 이 생산 이익이 높은 광물은 전 세계에서 합중국에 제일 많다. 1년 동안 채굴하는 석탄량은 약 7천만 톤이고 철광석은 약 8백만 톤이다. 펜실베이니아Pennsylvania주에서 채굴하는 탄광의 양이 그 중 3분의 1을 차지하고, 뉴욕, 미시건Michigan, 뉴저지New Jersey, 오하이오Ohio 등 여러 주에서 채굴한 철은 전체의 절반에 이른다고 한다. 구리는 특히 미시건주에서 많이 나온다. 캘리포니아California주와 네바다Nevada주에서 나오는 금, 은의 값은 1년에 약 7천만 불이다. 그 외에 일리노이Illinois주와 미주리Missouri주에서도 구리를 생산한다. 펜실베이니아주에서는 석유를 특히 많이 생산한다. 또 매사추세츠Massachusetts주에서는 대리석, 청석 등과 같은 건축용 석재를 생산한다. 이 광물은 모두 전 세계에서 유명하다.

캘리포니아주와 네바다주는 모두 시에라네바다 산맥이 좌우로 뻗어 있어 금, 은, 수은의 세 가지 광물이 세계에서 가장 많다. 이 산맥의 서쪽으로 3백~4백 마일 떨어진 곳에는 금광이 셀 수 없을 정도로 많다. 따라서 이곳을 금밭이라고 칭하는 것이다. 은광 또한 이 산 동쪽 산기슭에서 나온다. 네바다주가 개발된 것은 오로지 그 이익을 위해서라고 한다. 또한, 샌프란시스코San Francisco가 오늘날 처럼 번영하게 된 것도 금광의 이익 때문으로, 지금으로부터 50년 전에는 인구 150여 명의 작은 마을이었다. 프랑스France의 핼리팩스 Halifax란 사람이 처음 캘리포니아주에서 황금을 주운 이후 원주민이 새크라멘토Sacramento강 하류에서 매일 많은 양의 금을 채취하게 되었다. 1848년에는 마셜Marshall이라는 사람이 샌프란시스코 주변에서 황금 한 조각을 주웠는데, 크게 기뻐한 그는 사람들과 모의하여 자금을 모았고, 결국엔 거대 금광을 여러 곳 발견하였다. 이렇 듯 큰 이익이 될 만한 곳을 발견했기 때문에 샌프란시스코에 시가지가 없으면 불편하다며 이때 처음 가옥 500채를 지었고, 여러 지역에서 모인 사람들의 주거지로 삼았다. 그때 마침 우리나라(일본)와 합중국의 교역도 시작되었기 때문에 동양과의 왕래가 매년 빈번해져, 오늘날 캘리포니아주의 인구는 80만여 명에 달하며 수도인 샌프란시스코에만 23만여 명이 사는 번화한 도시가 되었다.

이 나라는 이처럼 석탄과 철이 풍부해서 제철업도 함께 번성하였다. 전국에 제철소가 300여 곳 있고 직공이 2만 7천여 명이다. 대포 제조소는 2천여 개가 있으며 직공이 5만 명이다. 이 외에 목공, 농업에 사용하는 기계를 제조하는 곳이 300여 곳이며 직공은 4만 명에 달한다고 한다. 제철이 특히 번성한 곳은 필라델피아Philadelphia와 피츠버그Pitsburg의 두 도시인데 해외에서도 그 명성이 높다. 그다음은 뉴욕으로 조선업이 가장 번성하였다. 이 외에 오하이오Ohio주, 미주리Missouri주, 뉴저지New Jersey주, 메릴랜드Maryland주 등에서도 앞 다투어 제철업을 발전시켰다. 이처럼 이 나라는 광업에 의해 제철업이 번성하였기 때문에 제철의 개요를 함께 알려준 것이다.

# 제30과 화폐는 근로를 교환하는 매개이다

우리가 신는 구두는 어떻게 얻은 것인가 하면 구두 장인에게 가서 구매한 것이다. 구두 장인은 어떻게 이것을 얻었을까? 그는 물론 노동을 해서 이것을 만들어 낸 것이다. 바꿔 말하면 우리는 화폐와 구두 장인의 노동을 교환한 것뿐이다. 그리고 우리가 가진 화폐 역시 노동의 결과라는 것은 여타의 설명이 필요 없는 자명한 일이다. 따라서 교역이란 우리들의 노동과 그들의 노동을 교환하는 것임을 알아야 한다.

우리가 구두를 사고 그 대금으로 2원을 냈다면 그 2원은 바로 구두의 값이다. 물건의 값이라는 것은 단지 화폐로 정한 명목일 뿐이다. 화폐는 이처럼 인간의 노동 값을 정하는 데 유용하여 상품의 교환을 간편하고 쉽게 해 주기 때문에 헤아릴 수 없을 정도의 사회적 이익이 있다.

다시 구두 장인에 사례로 이를 설명하자면, 어떤 사람이 구둣가게에 가서 "나는 지금 구두가 필요하오. 그러니 여기 내 발에 맞는 한 켤레를 주시오. 하지만 지금 나는 노동과 이것을 교환할 수 없으므로 이를 대신해 화폐 2원을 주겠소."라고 말한다. 구두 장인은 허락하며 "좋소. 구두를 갖고 가시오."라고 말한다. 이에 구두 장인은

2원을 받아 상자에 넣고 말하기를 "이 화폐는 내 노동의 값이오. 나는 이걸로 필요할 때 필요한 곳의 노동을 살 것이오."라고 한다. 그래서 그 사람이 다시 말하길 "나는 친척을 위해 노동해서 받은 2원으로 구두 장인의 노동 값을 낼 수 있었소."라고 한다. 이처럼 화폐는 노동의 가격을 결정하여 상품의 교환을 간단하고 쉽게 해 주는 귀중한 도구이다. 이에 화폐의 효용성은 더욱더 커질 것이다.

# 제31과 원소

　원소란 무엇인가 하면, 이는 화학의 원소를 가리키는 말이다. 전체 원소는 대단한 노력으로 밝혀진 것이며, 세상의 만물은 약 64종의 물질 중 하나, 혹은 하나 이상으로 구성된다. 그리고 이 60여 종의 물질은 어떠한 수단을 이용한다 해도 도저히 다른 물질로 분리할 수 없다는 사실이 밝혀졌다. 생각건대, 이들 물질은 각각 하나의 물질로 성립된 것으로 이 물질에서는 단 한 종류의 물질만을 채취할 수 있는 것이다. 예를 들어 순금에서는 순금만을 채취할 수 있고, 구리에서는 구리만을 채취할 수 있다. 이와 같은 물질을 원소라 칭한다.

　금속 중에 다른 것과 섞이지 않은 것은 모두 원소이다. 유황은 원소이며 보석 중에서 가장 아름다운 금강석 역시 원소이다. 그리고 우리가 호흡하는 공기는 가스 형태를 띤 두 개의 원소가 혼합된 것이다. 이처럼 원소는 단 하나의 물질로서 이것에서 다른 원소를 얻을 수 없다는 것은 명백하다. 그러나 고대에는 학식이 뛰어난 사람도 한 가지 원소에서 다른 원소를 채취하려 노력한 사례가 적지 않았다. 예를 들어 고대인은 납과 그 외의 원소로 고가의 금, 은을 만들려고 노력했다. 그러나 이는 당시의 학술이 아직 충분히 진보하지 못했기 때문으로 우리는 결코 이를 경멸해서는 안 되며, 소위 연금술사라는 자들이 오늘날 우리에게 큰 편익을 제공해주어 결국 수많은 사실을 밝힐 수 있게 해 주었다는 사실을 알아야 한다.

두 개 혹은 두 개 이상의 원소가 서로 화합한 것을 화합물이라고 한다. 이 화합물의 수는 무한하고 점차 그 수가 증가하는 추세이다. 물과 같이 단 2개의 원소로 이루어진 물질도 있다. 설탕과 같이 3개의 원소로 이루어진 물질도 있다. 또한, 이보다 많은 원소를 포함한 물질도 있다. 단백질은 6개의 원소로 이루어져 있다. 12개 이상의 원소를 함유하는 물질은 매우 복잡한 혈액뿐이다. 원래 단백질과 같이 많은 원소를 함유한 물체는 많지 않다.

대리석이나 석회석은 화합물의 알맞은 예이다. 지금 이것을 가마에 넣고 얼마 동안 가열한다면 그 성질이 크게 변할 것이다. 가열하기 전에는 성질이 단단하여 물과 섞이지 않지만, 일단 열을 가하면 유연해지고 물을 흡수하게 되어 흰 벽을 덧칠하는 데 적합하다. 또한, 벽돌을 붙이는 석회를 만들기에 가장 적합하다. 이처럼 뚜렷한 변화가 일어나는 이유는 무엇일까? 석회석을 구우면 일종의 가스가 뿜어져 나와 흩어지고, 석회석은 단지 석회가 되기 때문이다. 고로 석회석이나 대리석은 석회와 일종의 무거운 가스가 화합한 것임을 알아야 한다. 그리고 이 석회와 무거운 가스 역시 각각 두 개의 원소로 나눌 수 있다. 이처럼 대리석과 석회석은 단순한 물질이 아니지만, 이 설명을 이해한 이상 석회와 석회석을 혼동하지 말아야 할 것이다.

무릇 원소와 화합물의 구별 없이 모든 물체의 성질을 논하는 학문을 화학이라고 하고, 화학을 연구하는 사람을 화학자라고 한다. 옛날의 화학자는 이미 서술했듯이 연금술사였다. 그리고 오늘날의 화학자 중에는 납에서 금, 은을 채취하려 노력하는 사람은 없지만,

원소와 화합물을 이용하느라 정신이 없고 여러 물질을 결합하여 새로운 화합물을 만들어내려고 힘쓰고 있다. 화학자가 콜타르Coal-tar에서 아름다운 적색 염료를 만들어 낸 것은 최근의 발명이다. 지금까지 이 염료는 코치닐Cochineal로 만든 물질이었는데, 이 발명으로 인해 세상을 이롭게 하였다. 또한, 모브Mauve, 마젠타Magenta, 애저라인Azurine 등과 같이 아름다운 염료도 모두 새로운 화합물로 만들어진 것이다.

# 제32과 모리 모토나리

　모리 모토나리毛利元就는 히로모토弘元의 아들로 아명은 쇼주松壽라 하였다. 쇼주는 어려서부터 재능과 덕이 있었다. 일찍이 그를 양육하는 소임*을 맡은 이가 그를 안고 물을 건너다가 물에 빠졌고, 이에 두려워하며 죄를 빌자, 쇼주가 말하길 "길을 가다 넘어지는 것은 흔히 있는 일인데 어찌 괴로워하느냐?"고 하였다. 또 하루는 이쓰쿠시마嚴島에 참배하고 돌아와서는 하인들에게 "너희들은 무엇을 빌었는가?"라고 물었다. 하인들이 대답하기를 "도련님이 아키安藝의 영주가 되실 것을 빌었습니다."라고 하였다. 쇼주가 말하길 "너희들은 어찌 내가 천하의 주인이 될 것을 빌지 않았느냐? 천하의 주인이 될 것을 비는 자는 능히 한 지역의 주인이 될 것이다. 한 지역의 주인이 될 것을 비는 자는 능히 한 영지의 주인이 될 것이다. 이를 들은 자들은 그가 무척 훌륭하다고 생각했다. 그때 쇼주의 나이 12세였다.

　모토나리元就는 처음에 아마고 쓰네히사尼子經久를 모셨고 이후 하루히사晴久가 대를 잇게 되었는데, 그는 모토나리를 유달리 무례하게 대했다. 때마침 오우치 요시타카大內義隆는 아버지 요시오키大內義興의 유언에 따라 모토나리와 친교를 맺기 위해 백방으로 노력

쇼주가 하인과 문답하다

했고 모토나리는 결국 이를 수락하고 하루히사의 영지에 속해 있는 여러 성을 공격하여 무너뜨렸다. 이에 하루히사는 분노하여 본성本城인 아키성의 요시다吉田에게 모토나리를 공격하도록 하였으나 오히려 크게 패하였다.

모토나리의 장남은 다카모토隆元이며 모리 가문의 대를 이었다. 차남 모토하루는 깃카와 가문吉川氏의 대를 이었으며, 삼남 다카카게隆景는 고바야카와 가문小早川氏의 대를 이었다. 이에 깃카와, 고바야카와 두 가문이 나란히 한편이 되어 도와주었기 때문에 세상 사람들은 이를 료가와両川라고 불렀다. 모토하루는 호탕하여 병사를 잘 거느렸고, 다카카게는 침착하고 용기가 있으며 계략을 잘 세웠는데, 두 명 모두 모토나리를 닮은 부분이 있었다.

오우치 가문은 대대로 스오周防의 야마구치山口에 자리하였고 그 위세를 관서関西까지 떨쳤다. 요시오키가 죽고 난 뒤 그 아들인 요시타카가 그 뒤를 이어 일곱 영지의 슈고守護46)가 되었는데, 아버지와 조부의 지위를 능가하게 되자 점점 교만해졌으며 와카和歌47)와 다도에 빠져 국사를 전혀 돌보지 않았다. 당시 용맹하여 인심을 얻고 있던 스에 다카후사陶隆房라고 하는 가신이 몰래 반역을 계획하였고, 결국 야마구치에서 요시타카를 공격하였다. 요시타카는 당황하여 다이네이지大寧寺로 달아났지만 다카후사가 그를 계속 쫓아가 포위하였고 요시타카는 결국 자살하게 된다. 이때 야마구치에 임시로 거처하던 구교公卿 10명 남짓이 병란으로 죽었다. 다카후사는 이름을 하루카타晴賢로 바꿨는데, 이후 머리를 깎고 젠쿄全薑라 칭했으며, 분고豊後의 고쿠슈国主48) 오토모 요시아키大友義鑑의 아들 요시나가義長를 주인으로 삼고 실권을 잡았다.

요시타카는 죽기 전에 모토나리에게 원수를 갚아달라는 서한을 남겼다. 모토나리는 다카카게의 의견에 따라 조정에 상서를 올려 하루카타晴賢를 토벌하라는 조서를 청하였다. 조정이 이를 받아들여 조서를 내리셨기 때문에 모토나리는 기뻐하며 거병하였지만, 병사의 수가 겨우 5,000명에 불과했다. 그러나 하루카타의 병사는 3만 명이 넘었다. 따라서 평지에서 싸우면 이길 수 없으므로 계략을 세워 이쓰쿠시마厳島에 보루를 쌓아 놓고는 "만약 하루카타가 이쓰쿠시마의 보루를 무너뜨린다면 우리 군은 절대 이길 수 없을 것이다."라는 말을 퍼뜨려서 하루카타를 유인하였다. 하루카타는

---

46) 각 지방의 경비, 치안을 담당하는 관직이다.
47) 일본 고유의 정형시이다.
48) 고쿠슈다이묘(国主大名)의 약자로, 전국시대에서 에도시대까지 하나 이상의 영지를 다스리던 봉건영주(大名)를 말한다.

크게 기뻐하며 기병 2만 명, 전함 천여 척을 이끌고 이쓰쿠시마로 진격하였고 이곳에 진영을 세웠다. 그러던 어느 날 밤 폭풍우가 몰아쳤다. 모토나리는 수군을 이끌고 이쓰쿠시마에 건너와서는 뱃사공에게 즉시 배를 돌리라 하고 결사를 다짐하였다. 이때 모토하루가 선봉에 서서 적의 허를 찔러 습격하니 하루카타의 병사들은 궤멸하였고 익사한 자의 수를 헤아릴 수 없었다. 하루카타는 바닷가로 도주하였으나 배를 띄워줄 자는 없고 추격병이 추격해 와 결국 자살하였다. 모토나리는 더욱 나아가 야마구치를 공격했고 오우치 요시나가大內義長의 군대 역시 크게 패해 그 역시 자살하게 된다. 상황이 이에 이르자 스오, 나가토長門, 빈고備後, 아키 모두가 모토나리의 영지가 되었고 군대의 위세를 주변 영지에 떨쳤다.

모토나리는 오우치 가문의 영지를 병합한 뒤 7년여의 전투 끝에 아마고 가문을 항복시켰다. 이리하여 산인山陰, 산요山陽 13주를 정하여 모토하루에게는 산인을 다스리게 하였고 다카카게에게는 산요를 다스리게 하였다. 또한, 두 장수에게 명하여 난카이南海와 사이카이西海를 공략하게 하였다. 그러던 사이에 모토나리는 병이 나위독해졌다. 손자 데루모토가輝元가 유언을 청하니 모토나리가 말하기를 "두 숙부를 나를 대하듯 하고 그들의 뜻을 거스르지 않는다면 내 위업을 지킬 수 있을 것이다."라고 하였다. 그런 뒤 결국 숨을 거두었다. 그의 나이 75세였다. 이후 모토하루, 다카카게는 한결같이 마음을 모아 테루모토를 보좌하였기 때문에 모리 가문은 오랫동안 오다 노부나가織田信長, 도요토미 히데요시豊臣秀吉가 두려워하는 존재가 되었으며, 두 장수의 힘으로 의해 영지를 확고히 하여 오랫동안 서쪽 지역에서 두각을 나타낼 수 있었다.

---

*양육하는 소임(傅)

# 제33과 가스

　사람들은 가스Gas가 무엇인지 스스로 알고 있다고 생각하는 듯하다. 하지만 가스가 무엇인지 물으면 그 중 십중팔구는 적당한 답을 하지 못할 것이다. 따라서 주의를 집중하여 이번 과를 읽는다면 이 질문에 대해 답하기가 쉬워질 것이다.

　보통의 사람은 단 두 종류의 가스만을 알고 있다. 바로 우리가 호흡하는 공기와 가로등에 사용되는 석탄가스이다. 하지만 이 외에도 여러 종류의 가스가 있다. 우선 가스의 성질과 형태에 대해 논하겠다. 무릇 세상의 만물은 세 가지 중 한 가지 형태인데, 금석과 같은 고체도 있고, 물과 같은 액체도 있으며 석탄가스와 같이 매우 가벼워 뜨는 형태를 가진 것도 있다. 이 가벼워 뜨는 형태를 가진 것을 가스체라고 한다. 가스체는 작고 가벼우므로 대체로 눈에 보이지 않는다. 공기나 석탄가스와 같은 것은 전혀 보이지 않는다. 하지만 보이는 것도 한두 가지 있다. 그 하나는 녹황색의 매우 불쾌한 악취가 나는 염소이다. 건강을 해치는 악취를 없애기 위해 염화석회를 사용하면 일종의 불쾌한 냄새가 나게 되는데 그것이 바로 이 가스이다.

　원소에 대해서는 이미 앞에서 서술하였다. 그런데 몇 개의 가스는 화합물이 되지 않는 진짜 원소이다. 이를 열거해도 그 수가 매우 적다. 즉 산소, 수소, 질소, 염소의 4개 원소이다. 이 외에도 오존Ozone이라는 것이 있다. 하지만 아무리 박식한 화학자라도 아직 이에 관한 연구가 충분하지 않아 아직 이러한 순수한 물질을 만들어내지는 못한다. 이들 가스는 우리에게 매우 중요한 것으로 한시도 이것 없이는 살 수 없다. 산소와 수소는 음료 안에 들어 있으며 우리에게 가장 귀중한 물을 만들어내는 것으로 만일 물이 없다면 사람은 모두 살 수 없을 것이다. 또한, 산소와 질소는 공기 대부분을 구성하는 것이다. 그리고 우리는 신선한 공기 없이는 생활할 수 없다는 것 역시 잘 알고 있다.

원소 상태의 가스는 그 수가 매우 적지만 화합물 상태인 것은 매우 많다. 단 화합물이란 2개 혹은 2개 이상의 원소로 이루어진 것이다. 석탄가스는 여러 가스의 혼합물로써 염소 외에 앞에서 기술한 가스 모두를 함유해야 한다.

증기기관은 수증기의 힘으로 움직인다. 그리고 수증기는 물을 펄펄 끓이면 생기는 것이다. 수증기는 일종의 가스체이지만 이를 식히면 바로 원래의 물 상태로 돌아가는데, 이를 응축이라고 한다. 가스가 쉽게 액체 상태로 돌아간다면 이는 가스라고 하지 않고 증기라고 한다. 즉 수증기는 물의 증기인 것이다. 하지만 산소 및 수소는 일반적인 상황에서는 액체가 되는 일이 없다. 하지만 강하게 압축하여 차가운 것에 닿게 하면 반드시 응축된다. 따라서 증기와 가스는 온도에 따라 구별하는 이름일 뿐 실체에는 전혀 차이가 없다.

# 제34과 시간을 지켜야 한다

　귀천을 불문하고 직업에 종사하여 성공하기 위해서는 시간을 지키는 습관을 들여야 한다. 입신하여 집안을 일으키지 못하는 것도 시간을 지키지 못해서인 경우가 많다. 상업가가 사회에서 신용을 얻기 위해서 어떻게 해야 하는가 하면, 단지 모든 일에 있어서 시간을 정확하게 지키면 된다. 그런데 자신의 직업에 태만한 사람은 다른 사람의 시간을 의미 있게 생각지 않아 지장을 주는 일이 많다. 격무에 시달리는 사람에게 시간은 곧 돈인 것이다. 이처럼 귀중한 시간을 방해하는 것은 그 사람의 돈을 빼앗는 것과 다를 바 없다.

　미국의 대통령이었던 워싱턴Washington은 시간을 정확히 지키는 사람이다. 일찍이 재무장관 헤밀턴Hamilton이 약속 시각보다 5분 늦게 와서 시계가 늦게 간다는 핑계를 대자 워싱턴이 이를 듣고는 "자네, 더 정교하고 좋은 시계를 구하게나. 그렇지 않으면 난 새로운 장관을 임명할걸세."라고 말했다. 또 워싱턴은 국회에 출석할 때도 시간을 어기는 일이 없었으며, 항상 12시에 시계 종이 울리면 그와 동시에 의사당으로 들어갔다. 또한, 오후 4시를 식사시간으로 정하였는데 초대한 손님이 그 시간을 지키지 않으면 자기 혼자 식사를 끝냈다. 만일 그 손님이 늦게 오게 된 변명을 하면 워싱턴은 그를 향해 "나는 단지 시간을 지킬 뿐이다."라고 대답하였다.

어느 날 워싱턴은 말을 사려 하였고, 말을 파는 사람이 아침 5시에 말을 데려오기로 약속했다. 그러나 그가 그날 아침 약속한 시각에 말을 데려오지 않았고 15분 늦게 왔기 때문에, 워싱턴이 그에게 말하기를 "당신이 약속 시각에 오지 않았기 때문에 다른 약속을 위해 외출한다."라고 하였다. 이 때문에 그 사람은 결국 말을 팔 수 없었다고 한다.

또한, 하루는 한 귀인이 길을 걷고 있는데 비루한 남자가 불러 세워 돈을 빌려줄 것을 청하였다. 남자가 귀인을 향해 "내가 당신의 옛 학우 아무개인 것을 잊었는가?"고 말했다. 그래서 귀인이 그를 눈여겨보니 과연 서로 아는 자였고, 그의 아버지가 부유하여 학생 때 그의 생활은 몹시 풍요로웠다. 그러나 지금은 몸에 누더기*를 걸치고 있고 용모 역시 몹시 초췌하여 귀인이 매우 놀라 "자네 어찌 이렇게 비루한 처지가 되었는가?"라고 물었다. 그 사람이 대답하기를 "내가 이러한 처지가 된 것은 항상 시간이 많다고 생각했기 때문이네. 나는 어릴 때부터 시간이 아직 충분하다고 생각하는 습관이 있었기 때문에 해야 할 일을 제시간에 하지 않았고 결국 이렇게 가난해졌네. 이는 내가 나 자신을 그르친 원인이네. 만약 어렸을 때 시간을 엄격히 지키는 습관을 들였더라면 오늘날 나는 부와 영예를 누리는 사람이 되었을 거라네."라고 했다. 실로 명언이라 할 수 있다.

일반적으로 시간을 지키는 습관은 어릴 때 쉽게 들일 수 있지만, 처음부터 우연히 얻을 수 있는 것은 아니라서 항상 마음을 쓰며 근면해야 얻을 수 있게 된다. 한 번 이 습관을 들이게 되면 필시 노동으로 무한한 쾌락을 얻게 될 것이다. 그러므로 정해진 시간에 정해진 장소에 가서 각자의 업무 시간을 엄수하는 것은 각각의 사람들에게 중요한 습관이며 실천해야 할 의무이다.

---

*누더기(襤褸)

# 제35과 눈 이야기

인간이 가진 눈은 하늘이 내려주신 훌륭한 특권 중 하나입니다. 동물 중에는 눈을 갖고 있지 않은 것도 많습니다. 어떤 하등동물의 눈은 희미하게 명암을 구별할 뿐 사물의 색도 형태도 명확히 구별할 수 없습니다. 또한, 파리의 눈은 단단하고 각등과 같은 형태를 하고 있어 인간의 눈처럼 주위를 둘러보지 못하고 단지 한 방향만을 향하고 있습니다. 거미의 눈은 이와 다른데, 한 쌍의 각등으로는 부족하므로 머릿속에 눈이 나 있어 하나의 눈으로는 모기가 오는 것을 지켜보고 또 하나의 눈으로는 거미줄 바깥을 봅니다.

동물의 눈 중에는 대단히 아름다운 것도 많습니다. 매의 눈은 용맹스럽고 두려움의 빛이 없으며, 소의 눈은 온화하고 크며, 고양이의 눈은 엷은 녹색으로 달이 차고 이지러지는 것처럼 때에 따라 굵어지기도 얇아지기도 합니다. 참새의 눈은 민첩해 보이고, 여우의 눈은 교활해 보이며, 쥐는 검은 유약* 빛의 눈으로 사물을 엿보고, 두꺼비의 눈은 보석처럼 빛나 추한 모습을 감추며, 말과 개의 영리해 보이고 사랑스러운 눈은 인간의 눈과 꼭 닮았습니다.

이 외에도 여러 종류의 눈이 있습니다만 동물의 눈 중에 아름답지 않은 것은 하나도 없다고 해도 좋습니다. 하지만 인간의 눈은 다른 동물보다 뛰어난 부분이 있으며 이것이야말로 인간의 특권이라고 해야 할 것입니다. 그 뛰어난 부분은 우리가 모두 사랑하는 사람의 얼굴을 볼 때 충분히 알 수 있습니다. 우리는 사람과 이야기할 때에 먼저 눈빛을 봅니다. 또한, 그 사람과 떨어져 있을 때 떠올리는 것도 그의 눈입니다. 얼굴이 있어도 눈이 없다면 밋밋하고 기이한 모습이겠지요.

인간의 눈은 이처럼 아름다울 뿐 아니라 잘 구성되어 있습니다. 안구는 전체 모양이 둥근 구슬과 같습니다. 그 중에 반 이상은 우리 눈에 보이지 않는데 흰자위에 이어진 뒷부분은 두껍고 단단한 막으로 되어 있습니다. 그 형태는 도토리 열매와 비슷하며 벽이 매우 강하여 쉽게 다치는 일이 없습니다. 게다가 매우 두꺼워서 빛이 그 안을 직접 비추는 일이 없고, 무척 둥글어서 어느 방향이나 쉽게 볼 수 있습니다. 그래서 인간은 단 한 쌍의 눈을 갖고 있을 뿐이지만 거미가 수많은 눈으로 보는 것보다 사방을 훨씬 잘 둘러볼 수 있습니다.

눈의 앞쪽에는 투명한 창이 있는데 그 형태는 시계의 유리와 비슷합니다. 사람의 얼굴을 옆에서 보면 눈의 표면이 활모양으로 부풀어 돌출해 있습니다. 눈꺼풀*은 창문과 같은 것으로 잘 때는 닫고 일어날 때는 엽니다. 이 창문은 평상시에도 사용하는데, 눈을 뜨고 있을 때도 자주 여닫으며 눈 깜빡임이라는 것을 합니다. 물론 너무 자주 하고 있어서 아무도 이것을 알아채지 못하고 있습니다. 하지만 이 눈 깜빡임에는 매우 중요한 목적이 있습니다. 그것이 무엇인가 하면, 사람들이 오가는 곳에 있는 유리창은 티끌이 쌓여 쉽게 더러워집니다. 따라서 세심한 사람은 매일 아침 유리창을 닦습니다. 그러나 인간의 눈에 있는 창에 많은 티끌을 쌓아 둘 수는 없습니다. 그래서 눈 깜빡임이라는 너무나 바쁜 수습생에게 눈꺼풀

청소를 시켜 하루에 몇 번이고 깨끗하게 청소를 하므로, 물속에서 눈을 계속 닦고 있는 물고기만큼은 아니지만 눈 청소를 대단히 잘 합니다.

또한, 눈의 창 뒤에 조금 떨어진 곳에는 깨끗하고 둥근 막이 드리워져 있습니다. 이것은 눈의 색을 만드는 것으로 그 한 가운데에 동공瞳子*이라는 것이 있습니다. 색을 띠는 곳을 홍채라고도 하는데 파란 눈, 검은 눈이라고 하는 것은 이 홍채 안에 주된 색이 있기 때문입니다. 주의를 기울여서 잘 보세요. 눈동자는 누구라도 무지개와 같이 다양한 색이며 매우 작은 무늬나 선이 새겨져 있습니다.

이 홍채는 때때로 열리고 닫히는데 완전히 닫히는 일은 없습니다. 절묘하게 만들어져 있어 어두운 곳에서 가장 크게 열리고 햇빛이 직접 눈 위를 비출 땐 닫혀서 동공을 하나의 점 정도의 크기로 만듭니다.

지금 자신의 눈으로 이것을 시험해보고자 한다면, 그다지 어렵지는 않습니다. 잠깐 눈을 감아 눈꺼풀을 서로 만나게 하여 햇빛을 막기만 하면 이 홍채의 한 가운데에 있는 동공이라는 구멍이 크게 넓어집니다. 그 상황에서 눈을 뜨고 거울에 비추어 보면 잘 알 수 있습니다. 하지만 눈을 뜨는 즉시 햇빛이 비치기 때문에 빠른 속도로 수축해 작아집니다.

인간의 눈보다 고양이의 눈의 변화가 한층 더 보기 쉽습니다. 고양이가 낮에 햇볕을 쬐고 있을 때는 눈을 자주 깜빡이는데 그때 그 눈을 들여다보면 무척 가늘게 갈라진 듯 보입니다. 그 형태는 마치 창문 유리의 금이 간 것과 같은데, 해가 저물어 가면서 이 동공의 폭이 점점 넓어지고 커져 고양이를 낮에 보았을 때보다 어쩐지 온순해 보입니다.

동공은 항상 쉬지 않고 형태를 바꾸는데 이는 빛이 눈으로 들어

오는 것을 적절하게 조절하기 위해서입니다. 빛이 그 관문인 동공으로 들어오면 다음에 수정과 같은 물체를 통과합니다. 그 순서에 관해서는 지금부터 이야기하겠습니다.

동공 뒤에는 수정체가 있는데 이는 쌍안경과 같은 것입니다. 물고기 눈 등에는 작

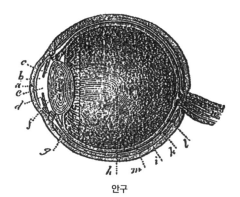

안구
(a) 각막 (b) 전실 (c) 후실 (d) 홍채
(e) 수양액 (f) 수정체 (g) 모양돌기 (h) 초자체액
(i) 경막 (k) 맥락막 (l) 유리체막
(m) 망막 (n) 시신경

은 유리와 같은 구슬이 있는데 이것을 삶으면 분필과 같은 구슬로 바뀝니다. 이 수정체는 눈꺼풀 뒤에 하나의 수정구슬과 같은 형태로 펼쳐져 있고, 그 앞면에는 맑은 물과 같은 유동체가 있어 시계의 유리 덮개 같은 눈의 창과 수정체의 사이에 가득 차 있습니다.

수정체가 수정구슬과 같은 것 안에 들어가 있는 모양은 마치 반지에 보석을 넣은 것과 같습니다. 하지만 수정구슬은 맑은 유동체이며 비슷한 투명한 막에 둘러싸여 있습니다. 따라서 눈 속의 반 이상은 물로 차 있다는 것을 알아 두는 게 좋습니다. 또한, 눈은 다다미방座敷과 대단히 유사한데 다다미방이라 해도 물속으로 들어가는 영기종泳氣鐘49)과 같은 것입니다.

여기서 더욱 설명할 것이 있습니다. 눈의 검은 부분은 전체적으로 뒤쪽으로 뻗어 있고 그 내부의 표면에는 비단이나 닥나무 종이와 같이 아름답고 하얀 막이 펼쳐져 있으며, 그 뒤로 검은 막이 걸쳐져 있습니다. 그 모습은 마치 벽에 검은 천을 걸고 그 위에 하얀

---

49) 에도시대의 해저 조사용 잠수 기구로 안벽 공사 등에 이용되었다.

비단 막을 걸친 다다미방과 같습니다. 이 막은 하얀 백합꽃의 봉오리를 닮은 곳이 있으며 그 바닥으로는 줄기가 나와 있습니다. 이것을 시신경이라고 하는데 이것은 뇌에 꽂혀 있어 뇌와 연락을 주고받는 것입니다.

---

*유약: 도자기 약
*눈꺼풀
*동공
*비단

(원전)
고등소학독본 권5

高等小學讀本

五

明治廿年六月廿日版權所有屆

明治廿二年四月二十九日出版

文部省總務局圖書課藏版

發賣所　　東京市京橋區銀座壹丁目二十二番地

大日本圖書會社

發賣所　　大坂市東區上難波南ノ町七十二番屋敷

仝支社

（定價金拾六錢）

瞳子
ヒ・ト
ミ・

紗
レ・
や・

高等小學讀本卷之五終

テ同ジ様ナ透明ナル膜ノ中ニ籠リテ居マス。サレバ、目ノ沖ノ過半

ハ、水ガ滿チテ居ル物ダト知ルガ宜シイ又目ハ、極ヨク座敷ニ、似テ

居ルガ其座敷ト申スモ、水ノ底ニ入ルベキ泳氣鐘ノヤウナモノデ

ムリマス。

猶尖ニ申述ベタキ事ガムリマス。目ノ黑キ部分ハ、一體ニ後ノ方ニ

張リ廣ガリテ其內部ノ表面ノ上ニ紗又ハ吉野紙ニ似タ奇麗ナ白

キ膜ヲ廣ゲ其後ニ黑キ幕ヲ掛ケテアリマス。其有様ハ丁度壁ニ黑

キ布ヲ掛ケ其上ニ白キ紗ノ幕ヲ掛ケタ座敷ノヤウデムリマス。此

幕バカリヲ見ルト、白キ百合ノ花ノ瓣ニ似タ處ガアリテ其底カラ、

莖ガ出テ居マス。是ヲ視神經ト申シマシテ腦ノ中ヘ插シ込マレテ

居テ腦ト聯絡ヲナスモノデムリマス。

眼瞼（マブ）

沴藥（セトモノ）・クスリ

眼　球

廣眼(d)　室後(c)　室前(b)　膜角(a)
(h)起突樣毛(g)　鞏邊(f)　液樣水(e)
子硝(l)　膜絡脈(k)　膜硬(i)　液子硝膜
經神視(n)　膜網(m)　膜

マス・其次第ハ是カヲネ話シ申シマセウ.

瞳子ノ後ニ透鏡ト云フモノガアリマシテ是ハ齒目鏡ノ樣ナモノデムリマス魚ノ目ナドニハ小サイ硝子ノ樣ナ玉ガアリマスガ是ヲ炎ルト白翠ノヤウナ玉ト變リマス此透鏡ハ眼籠ノ後ニ一ツノ水晶球ノヤウナ形ヲシテ廣ガリテ居マスガ其前

面ノ處ニハ滿ミタル水ノヤウナ流動體ガアリテ時計ノ硝子蓋トモ云フベキ目ノ窓ト透鏡トノ間ニ一バイニ充滿シテ居リマス.

透鏡ガ水晶球ノ樣ナ物ノ中ニハメ込マレテ居ル形ハ丁度指環ニ

寶石ヲハメタ樣デムリマス・サレド其水晶球ハ滿ミタル流動體ニ

百四十

目ヲ開イテ鏡ニ向ッテ見、マスト、ヨク分リマスガ、ザレド、目ヲ開クヤ

ハ、直ニ日光ガ、サシ込ミマスカラ、速ニ縮マリデ小サクナル物デム

リマス.

人間ノ目ニ比ベルト猫ノ目ノ變化ハ、一段見易イモノデムリマス.

猫ガ、日中ニ日向ボコリヲシテ居ル時ハ一度々瞬ヲシマスガ、其時其

目ヲ視イテ見ルト極細イ裂ケタカト思フ樣ナモノガ見エマス.其

形ハ丁度窓ノ戸ノガラスノ破レ目ノ樣デムルガ、目ノ暮レタ時ヨリ、

ヒ、瞳子ノ幅ガ、段々廣ク大キクナリマスカラ猫ヲ日中、見タ時ヨリ、

ドコヤラオトナシイヤウニ見エマス.

此眼簾ノ穴ハ、イツモ休息セズニ其形ヲ變化シテ居リマスガ其目

的ハ、光ガ目ヘ入リ込ムノヲ工合ヨク整ヘシタメデムリマス.光ガ、

其關所ナル瞳子カヲ入リ込ムト、ソレカラ水晶ノ如キ物ヲ通行シ

百三十九

居マス是ハ目ノ彩色ヲ作ルモノニテ其眞中ニ瞳子ト云フガアリ

マス此彩色ノ處ヲ又眼簾トモ中シテ彼菁イ目ダトカ、黑イ目ダト

カ云フノハ此眼簾中ニ重立チタル色ガアルカラデムリマス。ヨク

氣ヲ付ケテ御覽ナサレ目ノ環ハ誰ノデモ虹ノ様ニ色々ノ彩色ニ

テ極小サキ小紋ヤ又ハ條ヲカイテアリマス。

此眼簾ハ時々開イタリ閉ヂタリシテ、丸デ閉ヂ切ル事ハムヲヌ其

細工ハ奇ャ妙ャデアリテ暗イ處デハ最モ廣ク開キマスガ、日ノ光

ガ、直ニ目ノ上ヲ照ラスト八閉ヂ切リデ其瞳子ヲバ一粒ノ點程ニ

致シマス．

今此事柄ヲ自分ノ目デ試驗シャウト思フナラバ別ニ六カシイ、

デハムヲヌ暫クノ間目ヲ閉ヂ瞼ヲ合ハセテ目光ヲ防ギサヘスレ

ハ此眼簾ノ眞中ニアル瞳子ト云フ穴ハ、大キク廣ガリマス．ソコデ、

百三十八

キハ明ケルモノデムリマス、此窓ノ戸ハ常ニモ不用ナ者デハナク、

目ヲ明ケテ居ル時ニモ、眶上リ下リシテ瞬ト云フヲシマス、勿論、

是モ餘リ度々シマス物ダカラ誰レモソレニ氣ガ付キマセヌ、サレ

ド、コノ瞬スルニハ極太切ナ目的ガアリマス、其レハ何ダト云フニ、

彼往來ヘ臨ンデ居ル硝子窓ナドハ兎角塵埃ガタマリテ汚レ易イ

モノデムリマス、ソレ故、ヨク氣ヲツケル人ハ、毎朝硝子窓ヲ拭ハセ

マス、サレド、人間ノ目ノ窓ハ、サゾ澤山ニ埃ヲタメル譯ニハ行キマ

セヌ、ソコデ瞬ト云フイカニモ忙シイ丁稚小僧ヲ使ウデ、眼瞼ノ掃

除ヲサセ、一日ニ何度トモナク奇麗ニ掃除ヲ致サセマスカラ、魚ガ、

始終水デ目ヲ洗フ程ニハ參ラズトモ、隨分ヨク目ノ掃除ヲ致スモ

ノデムリマス、

又目ノ窓ノ後ニ、少シ隔タリテ奇麗ナル圓イ幕ノ様ナ物ガ垂レテ

百三十七

人間ノ目ハ斯ク奇麗ナバカリデナク、如何ニモ旨イ組立ノモノデ
ムリマス.人ノ目ノ玉ハ、全體形ガ丸クテ球ノヤウナ者デアリマス.其過
半ハ人ノ目ニハ見エマセヌガ、白目ト續イテ後ノ方ハ厚ク硬イ膜
カヲ出來テ居リマス.其形ハ橡實ノオカサト云フモノニ似テ居テ、
其壁ハ極強イモノデ、容易ニ傷ム事ナドハアリマセヌ.其上極厚イ
モノユエ光ガ其中ヘ直ニサシ込ムコトモナヲズ又極圓イ物ユヘド
チラノ方ヘモ容易ニ向ケラレマス.ソコデ人間ハ只一對ノ目ガア
ルバカリナレドモ、蜘蛛ガ、數多ノ目ヲ以テ見ルヨリモ遙ニヨク四
方ヲ見廻ハスコガ出來マス
目ノ前ノ處ニハ透キ通リタ窓ガアリテ其形ハ時計ノ硝子ニ似テ
居リマス.人ノ顔ヲ横カラ見ルト、目ガ弓形ニ服レタ表面ニ、突キ
出テ居マセウ.眼瞼ハ窓ノ戸ノヤウナ者ニテ、寢ルドキハシメ起キル

ス、雀ノ目ハ、敏捷ニ見エ狐ノ目ハ、狡猾ニ見エ、鼠ノ目ハ、黑キ沟藥ノ

色ニテ、物ヲ伺ヒ蝦蟇ノ目ハ、寶石ノヤウニ光リテ其醜體ヲ隠シ、馬

ヤ、犬ノ目ハ、利口ナ風ニテ情愛アル様子ハ、丸デ人間ノ目ニ少シモ

達ヒマセヌ.

其外ニモ猶種々ノ目ガ多分ニアリマスガ動物ノ中ニハ、奇麗デナ

イ目ハ、一ツモナイト申シテモ宜シカラウト思ヒマス.シカシ、人間

ノ目バカリハ他ノ動物ニ勝レテ居ル所ガアリテ是ゾ彼結構ナ株

ノ一ツト云フ所デムリマス其勝レテ居ル所ハ、私共ガ、愛シテ居ル

人ノ顏ヲ覗ク時ニ、十分ヨク分リマス.私共ガ人ト話ヲスル時ニモ、

先ツ、一番ニ目ツキヲ見マス.又其人ト離レテ居ル時ニ思ヒ出スモ

ノモ其目デムリマス.顏ガアリテモ、目ガナケレバ、ノツペリトシテ、

稀有ナ貌デアリマセヅ.

第三十五課　目ノ話

人間ガ目ヲ持チテ居ルノハ、天カラ授カリマシタ結構ナ株ノ一ツ

デムリマス。動物ノ中ニハ、目ヲ持チテ居ヲヌ者ガ澤山ニアリマス。

或ル下等動物ノ目ハ、ボンヤリト明暗ヲ辨ズル分ノ事ニテ、物ノ色

モ形モ發輝ト見分ケル事ガ出來マセヌ又蠅ノ目ハ、堅キ角挑燈ノ

如キ者ニテ、人間ノ目ノ様ニ、キョロ〳〵回ラズニ只一方ヘバカリ

向イテ居マス。蜘蛛ノ目ハ是ト違ヒ前ノ如キ一對ノ挑燈デハ事足

ラズ、故ニ頭中ニ目ガ出來テ居テ、一ツノ目デ蚊ノ來ル番ヲナシ一

ツノ目デ巣ノ目カヲ外ヲ覗イテ居リマス。

動物ノ目ニハ、大層奇麗ナ者モ多分ニアリマス。鷲ノ目ハ剃マシク

シテ恐ロシキ光ヲナシ、牛ノ目ハ柔和ニテ大キク猫ノ目ハ薄イ綠

色ニテ月ノ盈チ缺ケスルヤウニ、時ニヨリテ太クモ細クモナリマ

百三十四

慣ヲ得タレバ、爲スベキ時間ニ爲スベキ事ヲ爲サズシテ、遂ニ此貧
窘ニ陷レリ是レ予ノ一身ヲ誤リタル原由ナリ若シ少年ノ時ニ時
間ヲ恪守スル習慣ヲ得シナヲバ予ハ今日猶富榮ノ一男子ナル可
シト云ヘリ誠ニ名言ト謂ツ可シ・

凡ソ時間ヲ守ルノ習慣ハ少年ノ時ニ容易ク得ラル、モノナレ圧、
固ヨリ偶然ノ事ヨリ得ベキニアラズ常ニ心ヲ用ヒテ勤勉スルニ
由テ得ラル、ナリ・一タビ此習慣ヲ得レバ勞働ヲ以テ無限ノ快樂
ト爲スニ至ルハ必然ノ勢ナリ・サレバ定メタル時間ニ定メタル塲
所ニ行キ各自ノ爲スベキ業務ノ時間ヲ恪守スルハ即チ各人ノ肝
要ナル習慣ニシテ又實踐スベキノ義務ナリ・

襤褸ノ寶物

束ノ時間ニ馬ヲ引キ來ヲズシテ十五分間後レタリシカバ華盛頓、

是ニ云ハシムルヤウ、約束ノ時間ニ、汝來ヲザリシニ由リ他ノ約束

ヲ果サンタメ他出セリト是ガ爲ニ其人ハ遂ニ馬ヲ賣ルコ能ハザ

リシト云ヘリ．

又一ノ貴人或ル日街道ニテ卑陋ノ男子ニ呼ビ止メラレ金ヲ借ヲ

ン事ヲ望マレタリ其男子貴人ニ向ヒテ、君ハ予ノ舊學友某ナル事

ヲ忘レタルカト云ヘリ因デ貴人是ヲ熟視スルニ果シテ相識ノ人

ニテ其父富豪ナリシニ由リ學生中ニモ其生計殊ニ豐カナリキ然

ルニ今ハ身ニ襤褸ヲ纏ヒ容貌モ大ニ衰憊シタレバ貴人ハ大ニ驚

キ君ノ賤陋ノ境遇ニ陷リタルハ如何ナル緣由ナルゾト問ヒ

シニ其人答ヘテ曰ク予ガ此境遇ニ陷リタルハ常ニ時間ヲ猶足レ

リト思ヒシニ由ルナリ予ハ少時ヨリ時間ヲ猶足レリトスルノ習

亞米利加ノ大統領タリシ華盛頓(Washington)ハ、精密ニ時間ヲ守ル人ナリ、嘗テ大藏大臣ノハミルトン(Hamilton)ガ、約束ノ時間ヨリ五分後レタリシニ、時計ノ後レタルヲ以テロ實トセシカバ華盛頓是ヲ聞キ更ニ精良ノ時計ヲ求ム可シ然ラザレバ予ハ更ニ大臣ヲ新任スベシト云ハレタリ、又華盛頓ハ國會ニ出席スルニモ時ヲ違へタル事ナク、十二時ノ時計ヲ打ツ同時ニ常ニ議事堂ニ入ルヲ例トセリ、又午後四時ヲ食事ノ時間ト定メタリシガ若シ其來客遲ヲ違ヘシコアレバ已レ一人ニテ、食事ヲ爲シ終レリ、客此時參ノ官譯ヲナスドハ華盛頓是ニ向ヒ予ハ只時間ヲ守レリトミ答ヘタリトゾ.

或ル時華盛頓ハ、馬ヲ買ヒ入レントセシ事アリシガ其馬ヲ賣ル人ニ向ヒテ朝五時ニ馬ヲ引キ來レト約シタリ、然ルニ其朝ニ至リ約

シ・故ニ蒸氣ト瓦斯トハ溫度ニ由テ區別シタルノ名ニシテ其實少シモ差異ナキナリ.

第三十四課　時間ヲ守ルベシ

人ハ貴賤ヲ間ハズ、一ノ職業ニ從事シテ是ヲ成シ遂グンニハ、時間ヲ守ルノ習慣ヲ得ザル可ラズ人ノ往々世ニ立チ家ヲ起スコ能ハザル者アルモ時間ヲ守ラザルニ由ルコ多シ彼商賣人ガ世ノ信用ヲ得ルハ如何ニスルゾト云フニ只萬事萬端ニ付キテ時間ヲ守ルコ、精密ナルニ在ルノミ然ルニ己ノ職業ヲ怠ル人ハ他人ノ時間ヲ意ト爲サズシテ是ヲ妨グル事多シ蓋劇務ノ人ニ在リテハ時間即チ金錢ナリ斯ル貴重ノ時間ヲ妨グルハ其人ノ金錢ヲ奪ヒ去ルニ異ナルコ無シ.

ド空氣ノ全體ヲ組成スルモノナリ而シテ吾人ハ新鮮ナル空氣ヲ

關クトキハ生活スル能ハザル「是亦人ノ能ク知ル所ナリ

元素狀ノ瓦斯ハ其數甚ダ少シト雖モ化合狀ノ物ハ數多アリ但シ

化合物トハ二箇若シクハ二箇以上ノ元素ヨリ成リタルモノナリ

彼石炭瓦斯ハ數多ノ瓦斯ノ混合物ニシテ鹽素ノ外ハ前記ノ瓦斯

ヲ悉皆含有セザルナシ

蒸氣機關ハ水蒸氣ノ力ニ恢リテ運動スル者ナリ而シテ水蒸氣ハ

水ヲ瓷沸シテ生スル者ナリ其水蒸氣ハ一種ノ瓦斯體ナレトモ是ヲ

冷ヤストキハ直ニ元ノ水ニ復ス是ヲ凝縮ト云フ瓦斯ニシテ容易ニ

液體ニ復スルモノハ是ヲ瓦斯トハ云ハズシテ蒸氣ト云フ即チ水蒸

氣ハ水ノ蒸氣ナリ然レドモ酸素及水素ハ通常ノ事情ニテハ液體ト

ナルコトナシ只非常ニ壓搾シテ寒冷ニ觸レシムレバ必ズ凝縮ス可

百二十九

見ルコ能ハズ.然レドモ見ルコヲ得ベキ一二ノ瓦斯ナキニアラズ.其

一ハ綠黃色ニシテ甚ダ不快ノ臭氣アル鹽素ナリ.カノ健康ヲ害ス

ル臭氣ヲ止メンガ爲ニ、鹽化石灰ヲ用フルハ、一種不快ノ臭氣ア

ルハ即チ此瓦斯ナリ.

元素ノ事ハ已ニ前ニ記述セリ.而シテ二三ノ瓦斯ハ化合物ニアラ

ズシテ、眞ノ元素ナリ.是ヲ列記センニ其數ハ甚ダ僅少ナリ.即チ酸

素水素窒素鹽素ノ四元素是ナリ.猶此他ニオゾーン(Ozone)ト云フモ

ノアリ.然レドモ博識ノ化學者モ未ダ十分ニ是ヲ探究スルコ能ハズ、

故ニ其絕粹ノ物ヲ製出スルニ至ラズ是等ノ瓦斯ハ甚ダ緊要ナル

モノニシテ、一日、一時モ是ヲ闕クモ吾等ハ生存スルコ能ハズ.今、酸素

ト水素トハ、飲料中ニアリテ、最モ貴重ナル水ヲ作ルモノニシテ、苟

モ水ナケレバ、人皆生存スルコ能ハザル可シ.又酸素ト窒素トハ殆

百二十八

第三十三課　瓦斯

瓦斯（Gas）ノ何物タルハ、人々自ヲ能ク是ヲ知レリト思考スル者ノ如シ、然レドモ、如何ナル者ガ瓦斯ナルゾト問フトハ、其人々ノ十中八九ハ、此疑問ニ適當ノ答ヲナス者ナカル可シ、故ニ、能ク意ヲ用ヒテ、此課ヲ讀ムトキハ、或ハ此疑問ニ答フル「容易ナラン。

通常ノ人ハ、只二種ノ瓦斯ヲ知レルノミ、即チ吾等ノ呼吸スル空氣ト街燈ニ用フル石炭瓦斯トナリ、然レドモ、此他ニ猶種々ノ瓦斯アリ、凡ソ此世界ノ萬物ハ皆三態中ノ一ニ居リテ、金石ノ如キ固體ノモノアリ、水ノ如キ液體ノモノアリ、又石炭瓦斯ノ如キ輕浮ノ形ヲ具フルモノアリ、此輕浮ノ形ヲ具フル物ヲ瓦斯體トハ云フナリ、瓦斯體ハ概ネ見ルコ能ハザル稀薄輕浮ナルモノナリ、彼空氣若シクハ、石炭瓦斯ノ如キハ、少シモ

今、先ヅ第一ニ瓦斯ノ性狀ヨリ論定セン

威四隣ニ震フ

元就已ニ大内氏ノ地ヲ并セテヨリ更ニ尼子氏ト兵ヲ交ヘ前後七

年ニシテ尼子氏ヲ降ス是ニ至リ山陰山陽十三州ヲ定メ元春ニ山

陰ヲ掌ラシメ隆景ニ山陽ヲ掌ラシム猶二將ニ命シテ南海西海ヲ

略セシム已ニシテ元就癌ヲ患ヘ病篤シ孫輝元遺言ヲ請ヒシニ元

就曰ク汝三叔ヲ視ルコ猶我ノ如クニシテ其言ニ違フコナクハヨ

ク我業ヲ守ルベシト遂ニ卒ス年七十五ナリ是ヨリ後元春隆景專

ラ心ヲ協ハセテ輝元ヲ輔ケシカバ毛利氏ハ久シク織田信長豐臣

秀吉ノ畏ル、所トナリ其封土屹然トシテ永ク西邊ニ雄タリシハ、

二將ノ力ニ由ル者多シ.

傅ヘリ役ノ「

因テ隆景ノ議ヲ用ヒ、上書シテ晴賢ヲ討ツノ詔ヲ請フ。朝廷、是ヲ納
レテ其詔ヲ賜ヒシガバ、元就感喜シテ兵ヲ發セシも、其兵僅ニ五千
ニ過ギズ。而シテ晴賢ノ兵ハ三萬ニ下ラズ。故ニ平地ニ戰ヒテハ克
ツ能ハザルニ由リ、更ニ砦ヲ嚴島ニ築キ、計ヲ以テ晴賢ヲ誘ハン
トシ、聲言シテ曰ク、晴賢若シ嚴島ノ砦ヲ拔カバ我軍必ズ利ナカラ
ント。晴賢大ニ喜ビ、騎卒二萬戰艦千餘艘ヲ統ベテ嚴島ヲ攻メ、遂ニ
此ニ陣セリ。一夜、大風雨アリ。元就、舟師ヲ率ヰテ嚴島ニ渡リ、直ニ舟
子ヲシテ舟ヲ返サシメ、以テ必死ヲ示ス。是ニ於テ元春ヲ以テ先鋒
トナシ、敵ノ不意ヲ襲ヒシニ、晴賢ノ兵、大ニ潰エ溺死スル者算ナシ。
晴賢走リテ海濱ニ至レバ、舟ノ濟ルベキ者ナク、遂ニ迫兵ニ迫ラレ
テ自殺セリ。元就更ニ進ミテ山口ヲ攻メシニ、大内義長ノ軍亦大ニ
敗ヲレ、遂ニ自殺セリ。是ニ至リ周防、長門、備後、安藝皆元就ニ屬シ、兵

人是ヲ呼ビテ兩川ト云ヘリ・元春ハ豪爽ニシテ善ク兵ヲ用ヒ、隆景

ハ沈勇ニシテ謀慮アリ・其ニ元就ニ類スル所アリ・

大内氏ハ世々周防ノ山口ニ居リ其威關西ニ振フ・義興死シテ其子

義隆後ヲ繼グニ及ビ七國ノ守護ト爲リ位父祖ニ超エシカバ其意

稍驕リ、和歌茶ノ湯ニ耽リテ更ニ國事ヲ問ハズ・時ニ、其臣陶隆房ト

云フ者悍屬ニシテ頗ル人心ヲ得タリシガ密ニ反逆ヲ謀リ、遂ニ義

隆ヲ山口ニ攻ム・義隆狼狽シテ大寧寺ニ走リシニ、隆房猶迫ヒテ是

ヲ圍ミシカバ、義隆遂ニ自殺セリ・此時公卿ノ山口ニ寓スル者十人

餘亦亂兵ノ爲ニ害セラル・隆房遂ニ名ヲ晴賢ト攺メ更ニ髪ヲ剃リ

テ全薹ト號シ豐後ノ國主、大友義鑑ノ子義長ヲ迎ヘテ主トナシ、自

ヲ國政ヲ專ニセリ・

義隆死スルニ臨ミ、書ヲ元就ニ遺シテ、其仇ヲ復センコヲ託ス・元就、

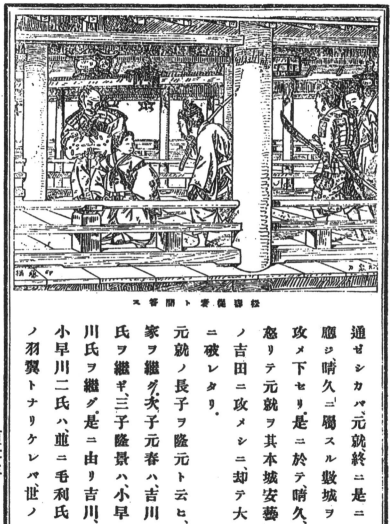

松壽從妻ト開答ス

通ゼシカバ元就終ニ是ニ
應ジ、晴久ニ賜スル數城ヲ
攻メ下セリ・是ニ於テ晴久、
怒リテ元就ヲ其本城安藝
ノ吉田ニ攻メシニ却テ大
ニ破レタリ・

元就ノ長子ヲ隆元ト云ヒ、
家ヲ繼グ・次子元春ハ吉川
氏ヲ繼ギ、三子隆景ハ小早
川氏ヲ繼グ・是ニ由リ吉川
小早川二氏ハ並ニ毛利氏
ノ羽翼トナリケレバ世ノ

第三十二課　毛利元就

毛利元就ハ、弘元ノ子ニシテ、幼名ヲ松壽ト云フ、松壽幼ニシテ器量アリ、其傳タリシ人嘗テ抱キテ水ヲ涉リ躓キテ水ニ溺レタリシカバ、懼レテ其罪ヲ謝セシニ、松壽日ク道ヲ行キテ躓クハ常ナリ、何ゾ傷マンヤト、又嚴島ニ詣デヽ歸リ從者ニ問ヒテ日ク、汝等何ヲ祈リシゾ、曰ク郎君ノ安藝ニ主タルコヲ祈レリト、松壽日ク、汝等何ゾ吾ガ、天下ニ主タルコヲ祈ラザルヤ、ソレ天下ニ主タルコヲ願フ者ハ、能ク一方ニ主タリ、一方ニ主タルコヲ願フ者ハ、能ク一國ニ主タリ、今一國ニ主タルコヲ願ハヾ其成ル所知ルベキノミト、聞ク者大ニ是ヲ奇トス、時ニ松壽年、十二ナリ．

元就ハ初メ尼子經久ニ屬セシガ、晴久其後ヲ繼グニ及ビ、元就ヲ遇スルコ殊ニ亡狀ナリ、時ニ大內義隆父義興ノ遺命ヲ守リ、百方好ヲ

石灰ト石灰石トヲ混合スルコトナカル可シ.

凡ソ元素ト合化物トノ別ナク諸物體ノ性質ヲ論ズル學問ヲ化學ト云ヒ化學ヲ研究スル人ヲ化學者ト云フ昔時ノ化學者ハ既ニ示シタル如ク即チ煉金家ナリ而シテ現今ノ化學者ハ鉛ヨリ金銀ヲ取ランコトヲ勉ムル者ナシト雖モ元素ト化合物トヲ利用センコトニ汲々トシ又種々ノ物質ヲ結合シテ新化合物ヲ製出センコトニ盡力セリ彼石炭タール (Coal-tar) ヨリシテ化學者ガ美麗ナル赤色ノ染料ヲ製出セシハ全ク近來ノ發明ナリ従來此染料ハ、コチニール (Cochineal) 虫ヨリ製シタル物ナリシニ此發明アリシガ為ニ世ヲ益シタルコト莫大ナリトス又モーヴ (Mauve)、マヂェンタ (Magenta)、アジューリン (Azurine) 等ノ如キ奇麗ナル染料モ皆新化合物ヲ製出セシニ由ル者ナリ.

ダ複雑ナル血液ノミナリ其他ニハ蛋白質ノ如キ多數ノ元素ヲ含

有スル物體ハ固ヨリ多カラザルナリ.

大理石或ハ石灰石ハ化合物ノ的例ナリ今是ヲ窯ニ入レテ若干時

間熱スレバ,大ニ其性質ヲ變ズベシ.是ヲ熱セザル以前ハ,其質,硬ク

シテ水ト混合スルコトナシト雖モ,一タビ是ヲ窯ニテ熱シタル後ハ、

稍柔軟トナリテ水ヲ吸收シ,白壁ノ上塗ニ殊ニ適當セリ且煉瓦ヲ

粘着セシムル煉石灰ヲ作ルニモ最モ適當ナリトス斯ク著シキ變

化ヲ生ズルハ何故ナルゾ即チ石灰石ヲ燒クトキハ,一種ノ瓦斯ヲ

リ飛散シ石灰石ハ只石灰トナルニ由ルナリ.故ニ石灰石又ハ,大理

石ハ,石灰ト一種ノ重キ瓦斯トノ化合ナルコトヲ知ル可シ.而シテ其

石灰モ重キ瓦斯モ亦各二個ノ元素ニ分ッコヲ得可シ.斯ク大理石,

又ハ石灰石ハ單純ノモノニアラズト雖モ此説明ヲ了解スル以上

百二十

ノモノニシテ是ヨリシテ他ノ元素ヲ得ベカラザル「コト」ハ明白ナリ。

然レヒ古代ニアリテハ甚ダ學識アル人ニテモ、一元素ヨリ他ノ元

素ヲ取ラン「コト」ヲ勉メタルノ例少シトセズ例ヘバ古人ハ鉛其他ノ

金屬ヨリ高價ナル金銀ヲ煉出セン「コト」ヲ勉メタリ然レヒ當時學術

猶十分ニ進步セザリシニ由リ吾等ハ決シテ是ヲ輕蔑スベカラザ

ルノミナラズ是等ノ所謂煉金家ト云ヒシモノハ今日吾等ニ大ナ

ル便益ヲ與ヘ遂ニ數多ノ發明ヲナサシムルニ至レリ。

二箇若シクハ二箇以上ノ元素ガ互ニ親和シタルモノヲ化合物ト

云フ。コノ化合物ノ數ハ限リナキ物ニシテ漸次其數ヲ增ス勢ア

リ。水ノ如ク只二元素ヨリ成ル物モアリ。砂糖ノ如ク三元素ヨリ成

ル物モアリ。又是ヨリモ多數ノ元素ヲ含ム物モアリ。彼蛋白質ノ如

キハ、六元素ヨリ成レリ。然レヒ十二以上ノ元素ヲ含有スル物ハ甚

第三十一課　元素

元素トハ如何ナル者ゾト云フニ是ハ化學上ノ元素ヲ指シテ云ヘ
ルモノナリ.全體此元素タルヤ、非常ノ勞力ニ依テ發明セラレタル
モノニシテ、萬物ハ約ソ六十五種ノ物質ノ一或ハ一以上ヨリ構成
スル者ナリ.而シテ此六十有餘ノ物質ハ、如何ナル手段ヲ用フルモ、
到底、他ノ物質ニ分離スルコ能ハザルノ事實ヲ發見セリ.蓋是等ノ
物質ハ、各一物ヨリ成立スル者ニテ、此物質ヨリハ只一種ノ物質ノ
ミヲ取リ得ベシ.例ヘバ純金ヨリハ只純金ノミヲ取リ得ベク、銅ヨ
リハ只銅ノミヲ取リ得ベシ.斯ノ如キ物質ヲ元素トハ稱スルナリ.」
金屬ノ純粹ナルモノハ皆元素ナリ.彼硫黄ハ、元素ニシテ實石中ノ
最モ美麗ナル金剛石モ、亦元素ナリ.而シテ吾等ガ呼吸スル空氣ハ、
瓦斯狀ヲナス二元素ノ混合セル者ナリ.此ノ如ク元素ハ只一物質

更ニ、靴師ニ就キテ是ヲ說カンニ玆ニ、一人アリテ、靴師ノ店ニ行キ

テ曰ク、我レ、今、靴ヲ求メント欲ス、然ルニ玆ニ吾足ニ適スルモノ一

足アリ、請フ是ヲ我ニ與ヘヨ、但シ、我レ、今、勤勞ヲ以テ是ト交易スル

コ能ハズ、因テ是ニ代フル二、此貨幣貳圓ヲ與フ可シト、靴師諾シテ

曰ク、善シ、靴ヲ携ヘ行ケト、是ニ於テ、靴師、此貳圓ヲ受ケ取リ、是ヲ匣

ニ藏メテ曰ク、此貨幣ハ吾勤勞ノ價ナリ、吾レ、是ヲ以テ吾ガ欲スル

時ニ、吾ガ要スル所ノ勤勞ヲ買ハント、而シテ其一人ハ又曰ハン吾

ハ吾ガ親戚ノ爲ニ勤勞シテ得タル金貳圓ヲ以テ、靴師ノ勤勞ヲ拂

ヒ得タリト、斯ク貨幣ハ勤勞ノ價格ヲ定メ以テ其交易ヲシテ簡易

便益ナラシムル貴重ノ器具ナリ、是ニ於テ貨幣ノ功用益大ナル所

以ヲ見ル可シ、

百十七

第三十課　貨幣ハ勤勞ヲ交換スル媒介ナリ

吾等ガ穿ク所ノ靴ハ、如何ニシテ是ヲ得タルゾト云フニ靴師ニ就

キテ是ヲ買ヒタルナリ.其靴師ハ如何ニシテ、是ヲ得タリヤ彼レ固

ヨリ其勞力ヲ費シテ是ヲ造リ出ダシタルナリ.然レバ則チ吾等ハ、

貨幣ヲ以テ靴師ノ勤勞ト交換セシニ過ギズ.而シテ吾等ノ有スル

貨幣モ亦勤勞ノ結果タル「ハ別ニ解說ヲ要セズシテ明白ナルベ

シ.故ニ交易トハ我ノ勤勞ト彼ノ勤勞トヲ交換スルモノタル「ヲ

知ルベシ.

今吾等ガ靴ヲ買ヒテ、其代價金貳圓ヲ拂ヒタランニハ、其貳圓ハ即

チ靴ノ價ナリ.故ニ物ノ價トハ只貨幣ヲ以テ定メタル名目ヲ謂フ

ニ過ギズ.貨幣ハ斯ク人々ノ勤勞セル價ヲ定ムルノ用ヲ爲スガ故

ニ、交易ヲシテ輕便容易ナラシムルノ功益アル「測リ知ルベカヲ

百十六

ル繁華ノ都會トナレリ.

此國ハ斯ク炭鐵ニ富メルニヨリ、製鐵ノ業モ盛大ナリ.全國ニ、熔鐵所三百餘箇所アリテ、其職工ハ二萬七千餘人アリ、鐵砲ノ製造所ハ二千餘箇所アリテ、其職工ハ五萬人餘ナリ.其外、大工農業ニ用フル器械類ノ製造所ハ三百餘箇所アリテ、職工ハ四萬人ニ及ブト云フ.其製鐵ノ殊ニ盛ナルハ費拉特費(Philadelphia)トピッツボルグ(Pittsburg)トノ二府ニシテ、其名海外ニ聞ケリ.其次ハ紐約克ニシテ、造船ノ業、最モ盛ナリ.其他、オハヨー(Ohio)州、ミゾリー(Missouri)州ニユーゼルセー(New Jersey)州、メリーランド(Maryland)州等ニテモ、競ヒテ製鐵ノ業ヲ盛ニセリ.斯ク此國ニテ製鐵ノ盛ナルハ皆、鑛業ヨリ起ル者ナレバ、事ノ序ニ製鐵ノ概況ヲ示シタルナリ.

⑧ガ、今日ノ繁華ニ至リシモ、金鑛ノ利益ニ由ル者ニテ、今ヨリ、五十

年前ニハ、人口百五十人餘ノ小村ナリキ、初メ佛蘭西(France)ノ人ハ

ツンス(Halifax)ト云ヘル人始テカリホルニヤ州ニテ黄金ヲ拾ヒ其

後、土人ガ、サクラメント(Sacramento)河ノ下流ニテ、日々、金塊ヲ拾ヒ取

ル者多カリシガ千八百四十八年ニ至リテ、マーシヤル(Marshall)ト云

ヘル人桑方西斯哥邊ニテ黄金一片ヲ拾ヒケレバ、大ニ喜ビ、人ト

相謀リテ、資金ヲ集メ、遂ニ大ナル金鑛數箇所ヲ掘リ出ダシタリ、斯

ル大利ヲ發見セシカバ、桑方西斯哥ニ市街ナクテハ不便ナリトテ、

茲ニ始テ五百軒ノ假屋ヲ造リ、處々ヨリ集マリ來レル人々ノ住居

トセリ、偶我國ト合衆國トノ交易モ開ケタレバ東洋トノ交通ハ年

ヲ逐ヒテ頻繁トナリ、遂ニ今日ニテハ、カリホルニヤ州ニ八十萬餘

ノ人口アリテ其首府桑方西斯哥ノミニテモ二十三萬餘人ヲ有ス

百十四

テ掘リ山ダス鐵ハ、全額ノ半ニ及ブト云ヘリ。銅ハ、ミシガン州ヨリ

山ヅルモノ殊ニ多シ。カリホルニヤ(California)州トネヴァダ(Nevada)州

トヨリ出ダス金銀ノ價ハ、一年ニ七千餘萬弗ナリ。其外、イリノイス

(Illinois)州ミゾリー(Missouri)州ヨリモ銅ヲ出ダシ、ペンシルヴァニヤ

州ヨリハ、石腦油ヲ出ダス。殊ニ多シ。又、マツサチユセッツ(Massachu-

setts)州ヨリハ、大理石、靑石等ノ如キ建築用ノ石材ヲ出ダス。總テ是

等ノ鑛物ハ皆世界ニ名高キ者ナリ。

カリホルニヤ州トネヴァダ州トハ共ニ、シルラ、ネヴァダノ山脈横斷

スルニ由リ、金銀、水銀ノ三鑛ニ富メル「世界第一ナリ。此山脈ノ西

ニ向ヒタル三四百哩ノ處ニ、金鑛ノ數多アルヘ數フベカラズ。故ニ、

此處ヲ金田ト稱スルナリ。銀鑛ハ、亦此山ノ東麓ヨリ出ヅ。ネヴァダ

州ノ開ケシハ、專ヲ此利ニ由レリト云ヘリ。又桑方西斯哥(San Francis-

ツト云ヘリ道路ノ修繕ハ、土地ノ廣キガ爲ニ完全ナラズト雖モ、鐵

道ノ達セザル所殆ドナカルベク其長サハ、九萬哩餘ニ及ベリ又舟

楫ノ通ズベキ川ト湖トノ長サハ二萬哩モアルガ上ニ運河ヲ切リ

開キタル長サモ四千哩餘ナリ・サレバ合衆國ノ國ヲ建テシハ猶百

餘年ニ過ギズト雖モ富ヲ作リ出ダスノ法ハ、ヨク整ヒ、自然ニ散布

セル富ヲ拾集シテ是ニ價ヲ附ケ更ニ是ヲ各國ニ輸送シテ價ヲ増

スニハ此國ヨリ至便ナル地ハナカルベシ鑛産ノ利益中ニテ第一

トモ云フベキモノハ石炭ト鐵トニ若ク者ナカル可シ其利益ノ多

キ鑛物ニ富ムコ此國ヲ以テ世界第一トス・一年ニ掘リ出ダス石炭

ハ、七千餘萬頓ニテ鑛鐵ハ八百餘萬頓ナリ・ペンシルヴァニヤ(Penn-

sylvania)州ヨリ掘リ出ダス炭鐵ノ高ハ其三分ノ二ニシテ紐約克ミ

シガン(Michigan)、ニューゼルセー(New Jersey)、オハヨー(Ohio)等ノ諸州ニ

ヲノミ貴ビシ時代ハ、人智猶中等ニシテ是ヲ金ノ時代トハ云フナ
リ、只堅剛ナル鐵ヲ用ヒテ器械ヲ作ルニ至ラザレバ其國ノ富ヲ增
スコ難シ、サレバ人民ガ悉ク鐵ヲ貴ブノ時代ヲ鐵ノ時代トハ稱フ
ルナリ、斯ク鑛物ハ古代ヨリ人ノ用フル物ナレモ、其中ニテモ、鐵ヲ
用フルコ多カラザレバ百工ノ興隆期スベカラズ、故ニ各國ニテ鐵
ヲ費スコ年ヲ逐ヒテ增加スルハ是ヲ文明ノ兆ト謂フベキナリ、
合衆國ハ世界中ニテ鑛物ニ富メル地ニシテ、高山峻嶺モ亦少カ
ズ、其山脈ハ四個ニ分レタリ、太平洋ノ西岸ヨリ數フレバ第一ハ海
岸ノ山脈ニテ、次ハ、シルラ子ヴァダ(Sierra Nevada)ノ山脈ナリ、第三ハ、
ロツキー(Rocky)ノ大山脈ニテ第四ハ、アレガニー(Alleghany)ノ山脈ナ
リ、此四山脈ノ外ハ概ネ平原ノミニテ、ミシシツピー(Mississippi)河ノ
谷ハ百萬方哩モアル沃野ナレバ、全國ノ農産物ハ多ク此地ヨリ出

夙將韜略代猶棠蹈
略ハ六韜三略ナリ遊ハナマグサキト習ハ臭氣アル某
深ク合戰ヲ好ミテ猶棠ヲ
韜略ヲ愛メタルヲ云フ。
蹈ハ馬ノヒ
ヅメナリ。

碧蹄蹂躪八州草　氏ノ攻メレタルヲ云フ　碧
譲信ガ小田原ノ北條
テ是ニ人ガ唱ヘヒトノ譲信ガ
　　　　　　横梁繁

白羽擢ヒレヲ譲信ノ搢撝ス
譜葛孔明ノ白羽扇ヲ以テ三軍ヲ搢
ヒレヲ譲信ノ搢撝スルニ喩フ。

衛枚大霧曉藏軍
信ガ軍中ニテ潛カ
枚ハ軍中ニテ潛カニ散スルハ木ナリ譲信ガ大霧ニ軍勢ヲ潛メテ信玄ノ軍勢
ニ近ツキレヲ云フ。

霜秋滿陣
信ガ軍中ニテ宿滿陣ニ魏ノ曹操ガ襲フヘテ詩・賦セシヲ譲
秋氣淸トノ詩ヲ作リシニ喩フ。
　　　　　　横梁繁

老賊齊名長愷君
老賊ハ信玄ヲ云ヒ譲信ガ是ト並
秀デタルヲ云フ。
綾々俠骨高千古
老賊ハ信玄ヲ云ヒ譲信ガ是ト
稱セラルルヲ惜ムト云フ。

## 第二十九課　合衆國ノ鑛業

古代ノ人ハ石ヲ以テ種々ノ刃物ヲ作リ是ヲ物ヲ切ルノ用ニ供シ
タリ此時代ヲ石ノ時代ト云フ人智稍進ムニ從ヒ初ハ銅鑛ヲ採リ
シガ漸ク進ミテ金銀ヲモ掘リ取ルニ至レリ然レ圧此三種ノ金屬

ル、所ナリシガ二將、死スルニ及ビテ、信長、始テ其志ヲ達スルコヲ

得タリ、亦以テ二將ノ兵略ニ長ズルヲ見ルニ足レリ。

贊床　スノコッキメル床ナリ。

連署連判ト云　連署連判ニ同ク。

鼎中早瀬ノ中鼎中ト云フ。

第二十八課　詠史二首飄裏

蛇

鞭聲蕭蕭夜過河　曉見千兵擁大牙　遺恨十年磨一劍　流星光底逸長蛇

不怪兵鋒猶出群　鳳將韜略代羝羣　碧蹄蹀躞八州草　白羽指揮三越

雲橫槊繁箱秋滿陣　銜枚大霧藏軍棱棱俠骨高千古　老賊齊名長

惜君

大牙大將ノ旗ナリ。

流星刀ノ光ニ譬フ。

長蛇信玄ニ喻フ左傳ニ與爲封豕。長蛇ハ以テ腐食上國ト云アリ

登ヲ攻メ、亦別將ヲシテ飛驒ヲ略取セシム。

是時ニ當リ、織田信長ハ辭ヲ卑クシテ禮ヲ厚クシテ謙信ニ事フル

猶螫ニ信玄ニ事フルガ如シ。既ニシテ、謙信使者ヲ信長ニ遣シ、書ヲ

遺リテ曰ク、公厩畿內ノ敵ト戰フヲ樂シムモ、未ダ北人ノ技倆ヲ

觀ズ。請フ明春三月ヲ期シテ、八州ノ兵ヲ率ヰテ西上シ、公ト相見ン

ト。信長使者ヲ延見シテ賓ヒテ曰ク信長何ゾ敢テ公ト角センヤ。公、

來ヲバ單騎迎ヘ謁シ、先導シテ以テ都ニ入ル可シト。謙信是ヲ聞キ

テ咽ヒテ曰ク信長ハ奸雄ナリ、甘言以テ我ヲ怠ラスルノミト。因テ

檄ヲ傳ヘテ管內八國ノ兵ヲ發ス。是ニ於テ北陸諸國ノ兵、檄ニ應シ

テ雲集セシカバ、謙信自ヲ簡閱シテ約束シ、將ニ軍ヲ發セントセリ。

發スルノ前二日ニ病作リ遂ニ卒ス年四十九ナリ。信長大ニ喜ビテ

曰ク、是ヨリ、天下大ニ定マヲント。蓋信玄ト謙信トハ、信長ノ深ク畏

渡リ來リ刀ヲ舉ゲテ是シ撃ツ信玄、刀ヲ拔クニ暇アラズ持ツ所ノ

麗扇ヲ以テ是ヲ扞ギシニ扇折レテ其肩ヲ斫ル。時ニ甲斐ノ隊將來

リテ槍ヲ舉ゲテ馬ヲ打チシニ、馬驚ギテ陷中ニ入リシカバ信玄間

ヲ得テ纔ニ免ル、、ヲ得タリ。此騎馬ノ士ハ即チ謙信ナリキ。

謙信又頻ニ兵ヲ越中、加賀ニ出ダシテ是ヲ略取ス。其後上杉憲政ヲ

助ケテ北條氏康ヲ攻メシガ、向フ所披靡セザルハナシ。是ニ於テ憲

政ト約シテ父子トナリ。遂ニ上杉氏ト稱ス。再ビ京師ニ入ルニ及ビ、

天皇特ニ酒ヲ賜ヒ賞スルニ名刀ヲ以テス。而シテ將軍義輝モ特ニ

命シテ關東ヲ管領セシメ、往時ノ三管領ニ比ス。且已ノ偏諱ヲ賜ヒ、

名ヲ輝虎ト改ム。武田信玄ノ死スルニ及ビ將士皆甲斐ヲ取ラン

ヲ勸メシニ謙信曰ク、我レ信玄ト數十戰シテ取ルコ能ハズ。今其死

スルニ及ビテ是ヲ取ル何ヲ以テ天下ニ對セント。遂ニ越中、加賀能

百七

志ヲ明サント、遂ニ髮ヲ削リテ謙信ト號シ、將ニ高野山ニ入ラント
ス、諸將士更ニ連署シテ止リテ國ヲ治メント謂ヘリ、謙信曰ク、君
ヲ匿クハ其ノ令ヲ用ヒンガ爲ナリ、若シ令ヲ用ヒザレバ、君ナキモ可
ナリ、今ヨリ吾ガ令ヲ用スル所ニ違ハザレバ、吾レ敢テ止ヲトノミト、遂
ニ諸將ト誓約シテ入リ、其ノ翌日命ヲ專ニスル大臣十六人ニ死ヲ賜
フ、諸將是ヲ見テ皆戰慄セリ、是ニ至リ彈正少弼ニ任シ從五位下ニ
叙セラル、因テ直ニ京師ニ入リテ其ノ命ヲ拜シ將軍義輝ニ謁シテ歸
ル。

謙信村上義淸ノ託ヲ受クルニ及ビ、武田信玄ト戰フコ十二年ノ久
シキニ至レリ、河中島ノ戰信玄、數十騎ト走リシニ、一騎アリ、白布ヲ
以テ面ヲ包ミ大刀ヲ拔キテ來リ、呼ビテ曰ク信玄、何クニアリヤト、
信玄、馬ヲ躍ラシ、河ヲ渡リテ逃レントセシニ、彼騎馬ノ士モ亦河ヲ

二、年十三ナリシガ逃レデ門ニ至リシニ門者ハ起ヲ質床ノ下ニ隠ス。

夜ニ至リテ起ヲ出ダシ、ニ景虎正ニ熟眠セリ因テ喚ビ覺シテ潜

ニ春日山寺ニ入レ僧更ニ扮ヘテ檐尾ニ逃レタリ・サレモ權臣等、

是ヲ索ムルニ嚴ナリシカバ出デ、是ヲ避ケントシ米山ニ上リ遙

ニ府内ヲ望ミ見テ日ク我レ他日兵ヲ起シ國ニ復ヲハ必ズ此ニ陣

セント・遂ニ北陸東山ノ諸國ヲ歴覽シ遲リテ更ニ宇佐美定行等ト

共ニ兵ヲ起シ、大ニ賊軍ヲ破レリ・長兄時景ハ先ニ賊ノ爲ニ推サレ

テ將トナリシガ是ニ至リ窮蹙シテ自殺シ權臣モ亦概ネ誅セラレ、

越後盡ク平定セリ・

是ニ於テ諸將士共ニ景虎ヲ推シテ主ト爲サントセシニ景虎ハ起ヲ

辭シテ曰ク我レ上下ノ者ニ迫ラレテ兄ト抗戰シ而シテ今越後ニ

主トナルハ世ノ人吾ヲ何トカ謂ハン吾ハ逃レテ僧ト爲リ以テ吾

百五

ズ、人皆大ニ是ヲ怪ミ、當時ノ大學者ガリレオ(Galileo)ニ質問セリ、ガ

リレオ因テ其困難ノ原因ヲ説明セショリ始テ其原理ヲ知ルニ至

レリ、

消火機關 火ケレ道 具ナリ、

## 第二十七課　上杉謙信

上杉謙信ハ父ヲ長尾為景ト云フ、為景ハ江波某ノ為ニ殺サレタリ、

為景ニ四子アリ、謙信ハ其第四子ナリ、幼名ヲ虎千代ト云ヒ、長シテ

景虎ト云フ、景虎幼ニシテ膽略アリシカド父為景是ヲ愛セズシテ

橡尾ニ逐ヒ將ニ僧ト為サントセリ、サレヒ景虎ハ少シモ僧ノ事ヲ

學ハズ、

為景死スルニ及ビ、樞臣相謀リテ、為景ノ子景康、景房ヲ殺ス、景虎、時

シ空氣ハ其壓力ニテ三十四尺マデハ管中ノ水ヲ支持スルコヲ得

ベシ.故ニ假令.最良ノポンプタリ㠯.其吸引管ハ.是ヨリ長カルベ

カラズ.而シテ實際ニテハ吸引管ノ長サ二十五尺ヲ超ユレバ.無功

ノポンプトナル可シ.若シ猶高處ニ水ヲ上ゲント思ハヾ壓上ポン

プト云フ他ノ種類ヲ用ヒザル可ヲラズ.今玆ニ.ポンプノ嘴ハ.甚ダ

下方ニアリテ長管ニ連續シ.其活塞ニハ瓣モナク孔モナキ物アリ

ト想定ス可シ.是レ即チ壓上ポンプナリ.消火機關ハ二重ノ壓上ポ

ンプニシテ.近來蒸氣機關ヲ用フルノ改良ヲ見ルニ至レリ.故ニ今

日ハ.火災モ暴害ヲ逞シクスルコ能ハズ.

蓋ポンプハ.古代ヨリ用ヒ來リタルモノナレ㠯.其作用ノ原理ハ.漸

ク二百年前ニ發見セラレタリ.嘗テフローレンス(Florence)侯ガ.深キ

井戸ヨリ水ヲ上ゲントセシニ.百方力ヲ用フレ㠯.水更ニ上リ來ヲ

百三

壓上スベシ。

今又活塞ヲ壓下スルトキハ二ノ瓣間ノ空氣、壓縮セラルヽ、モ其空氣、

下方ニ降ルヿ能ハズ直ニ活塞瓣ヲ壓開シテ、自ヲ上方ニ奔出ス可

シ斯ク活塞ヲ一回上下スルノミニテ、幾分カ空氣ヲ排除シテ、水ヲ

吸引管內ニ壓上セシメ二回ノ上下ニテ、更ニ幾分ノ空氣ヲ排除シ

テ更ニ吸引管內ニ水ヲ壓上ス可シ。此ノ如クシテ終ニハ、水筒瓣ヲ

開キテ筒中ニ突入ス因テ亦再ビ活塞ヲ壓下スルトキハ、今ハ空氣ニ

アラズシテ筒中ノ水直ニ活塞瓣ヲ開キテ上部ニ登ル而シテ更ニ

活塞ヲ上グルトキハ、水亦共ニ嘴ヨリ奔出ス可シ。

然レモ水ノ壓上スルハ、吸引管外ノ井中ニアル水ヲ空氣ノ壓搾ス

ルニ由ルノ理ハ是ヲ心ニ記セザル可ヲズ何トナレバ吸引管內ノ

空氣ヲ排除シテ、水ヲ壓上スルハ、外面ノ壓力ヲ利用スレバナリ。但

二由リ、是ヲ活塞瓣ト云ヒ、一ハ筒ノ底ニ具フルニ由リ、是ヲ筒瓣ト

云フ、又吸引管ハ鉛若シクハ鐵ヲ以テ製シ筒ヨリモ細キヲ常トス。

其高サ二十五尺以上トナス可ラズ。

是ヨリ更ニポンプノ作用ヲ解説センニ、先ツ活塞ハ筒ノ最下部ニ

アリト定ム可シ。而シテ瓣ハ只一方ニノミ開ク者ニシテ上部ニ向

ヒテ開クヲ常トス。今活塞ヲ柄ニテ引上グレバ活塞ハ無論是ト共

ニ上リ來ル可シ。然ルトキハ活塞ト筒ノ底トノ間ニ眞空ヲ生ズルヤ、

必然ナリ。是ガ爲ニ吸引管内ノ空氣ハ直ニ筒瓣ヲ開キテ筒内ニ突

入スベシ。是ニ於テ吸引管内ノ水ヲ壓スル空氣ノ重量ハ必ズ前ヨ

リ減少スルナリ。然レドモ吸引管外ノ井中ニアル水ヲ壓スル空氣ノ

重量ハ依然トシテ前ニ異ナルコトナシ。故ニ、水ハ管内ニテ壓下セ

ル、ヨリモ管外ヨリ壓上セラル、力、強キニ由リ幾分カ吸引管ニ

百一

シテ水ノ噴出スル嘴トポンプノ作用ヲナサシムル槓杆トハ猶亦

緊要ノ部分ナリ．

筒ハ大ナル管ニシテ其孔ハ同シ太サナリ．其質多クハ銅鐵ナレ圧、

昔ハ鉛ヲ用ヒタルコアリ．然レ圧鉛ハ變形シ易キニ由リ不便少シ

トセズ活塞ハ筒ニ適合シタル栓ニシテ金屬若シクハ木ヲ以テ造

リ概ネ是ニ皮ヲ被覆シ其中

心ニハ瓣ヲ具ヘタリ又金屬

ノ柄アリテ活塞ト槓杆トヲ

連合スル者ナリ又瓣ハ小サ

キ扉ニテ孔ノ上ニ蝶鉸ヲ以

テ是ヲ按着セシム而シテ瓣ハ強キ革ヲ用ヒ是ヲ重グスルニ鉛ヲ

附着セリ．通常ノポンプハ二個ノ瓣ヲ具ヘ、一ハ活塞ノ孔ニ附クル

ポンプ

如ク見ユル時ニ生ズルナリ斯ル時ニハ、太陽ノ周圍ニ、狹キ光環ヲ

現シ、其餘ハ、悉ク暗黑トナルナリ、又、太陽ノ小蝕ハ、月ノ小蝕ニ於ケ

ルト其理相同シ、月正ニ、変軌點ニ於テ、太陽及地球ト一直線ヲナサ

ズシテ稍々変軌點ニ近ツク時ハ或ハ、月ノ小蝕トナリ、或ハ、太陽ノ小

蝕トナルナリ、月ノ小蝕トナルハ、月、地球ノ黑影中ニ全ク入ヲザル

ニ由ルナリ、又太陽ノ小蝕トナルハ、月、地球ト太陽トノ間ヲ正シク

經過セザレバナリ

## 第二十六課　ポンプ

ポンプ (Pump) ハ甚ダ要用ナル器械ナレバ其構造ヲ理會スルコト亦

最モ緊要ナリ、今先ヅ其主要ノ部分ヲ示サンニ第一筒第二活塞第

三二個ノ瓣第四吸引管ト云ヘル井戸ニ達スル長管ヨリ成レリ、而

キヲ權リタルナリ畢竟スルニ、金銀銅ハ其質强クシテ、物ニ觸ルヽ

モ、容易ニ破ルヽコナシ是ヲ千萬人ノ間ニ融通スルモ其形ヲ損ス

ルコナク又其量ヲ減ズルコ少シ故ニ其價ヲ失フ如キ憂アルコ無

シ若シ是ヲ硝子等ナラシメンニハ、破壞シ易クシテ、各人ノ不便ヲ

感ズルコ極テ大ナル可シ

## 第二十一課 貨幣鑄造

我國ニテ貨幣ヲ鑄造スル所ハ政府ノ造幣局ナリ同局ハ、大坂、天滿

ノ新川崎町ニアリ館ノ構造ハ石造ト煉瓦造トノ二樣ニテ甚ダ壯

大ナリ局内ノ工業塲ヲ金銀貨幣鑄造塲ト銅貨幣鑄造塲トノ二ツ

ニ大別セリ又別ニ彫刻工作製作等ノ諸工塲アリ塲内ニ据付ケタ

ル諸機械ハ幾百トモ云フ數ニテ皆蒸氣力ニテ運轉セシム極テ宏壯

日光ヲ受ケシメズ・是レ所謂月蝕ナリ、

月ノ陰影ニ暗黒ノ處ト半黒ノ處トアリ・是レ何ニ由テ然ルゾト云

フニ、太陽若シ細小ナル一ノ光體ナランニハ、其影、全ク黒影ニシテ

半黒ノ處ナカルベシ・サレド、太陽ハ巨大ノ光體ナルニ由リ其影中、

全ク光輝ナキ黒影ノ周圍ニ猶微光ノ鑲帶アリ・是ヲ半黒ノ部ト爲

ス例ヘバ、今二個ノ蠟燭ヲ取リテ、太陽ノ兩極トナシ、一物體ヲ置キ

テ其影ヲ壁上ニ生ゼシムベシ・然ルトキハ二個ノ蠟燭ヨリ生ズル所

ノ黒影ノ側ニ、稍〻光アル半影ヲ見ルナラヲン・是レ即チ一個ノ蠟燭ヨ

リ生ズル影ニ、シテ、恰モ太陽ノ一極ヨリ來ル所ノ微光ニ等シトス。

月ハ四ヨリ東ニ向ヒテ公轉スルニ由リ其蝕スルヤ、初メ地球ノ抛

出セル半影中ニ入ル時ハ其東邊稍〻暗キヲ見ルノミニシテ、月、黒影中

ニ至レバ其東邊殆ド是ニ隱ル・此時、地球ノ圓體ナル形狀ヲ明ニ見

カラズ・其相會シタル時、地球ト太陽トノ兩間ニ月ノ入リタル時ニ
ハ、日蝕トナリ滿月ニ際シテ月ト太陽トノ中間ニ地球ノ來ル時ハ、
月蝕ヲ生ズルナリ圖ニ就テ是ヲ視レバ自ヲ明白ナヲン・

日月蝕

此圖ニ據
レバ、Aニ
於テハ、月、
日光ヲ遮
リテ月影、
地上ノ一

方ニ落ッ・是時月ハ地球ト太陽トノ間ニ居ルヲ以テ地上ニアル人、
太陽ヲ見ルコ能ハズ所謂日蝕ナリ・Bニ於テハ、月、地球ノ影中ニ隱
ル即チ地球ハ月ト太陽トノ間ニ居ルヲ以テ日光ヲ遮リ月ヲシテ

セシムル「能ハザルトキハ更ニ已ノ經驗セル事實ヲ舉ゲテ是ヲ証

トセリ.是ニ由テ富人ハ固ヨリ貧人ヲ害スル者ニアラズ貧富相互

ニ益スル者ニシテ貧人ノ快樂ハ多ク富人ノ富ヨリ來ル所以ヲ知

ルベシ.

## 第二十五課　日月ノ蝕

月ノ地球ヲ周リテ公轉スル軌道ノ面ハ地球ノ太陽ヲ周リテ公轉

スル軌道ノ面ト平行スルニ非ズ.相傾クノ「五度ノ距離ナリ.故

ニ月ノ軌道中ニハ地球ノ軌道ト相交ハル處アリ.是ヲ交軌點ト云

フ.而シテ月ノ地球ヲ周リテ公轉スルヤ、一半ハ地球軌道ノ上ニア

レ圧、一半ハ其下ニアリ斯ク月ノ公轉スルハ、地球軌道ノ上下ニア

ル者ナレバ其公轉中ニ地球ノ軌道ト相會スルコト二回ナラザルベ

九十五

ジヨンハ是ニ至リテ大ニ落膽セシガ佝處々ニ職業ヲ失ヒタル人

人ノ悲泣スル聲ハ聞ク毎ニ其胸ニ釘ヲ貫クガ如シ已ニシテ、約束

ノ日トナリシカバ急ギ神ノ處ニ行キテ萬事萬物ヲ舊ニ復サレ

ヨヲ祈請セリ神ハ笑ヒナガラ、更ニ鞭ヲ一揮シニ萬

物亦盡ク其觀ヲ收メタリ即チ矮小ノ茅屋ハ忽チ變シテ壯麗ノ邸

宅トナリ荷車モ亦忽ニ美麗ナル馬車トナレリ一タビ破壞セシ製

造塲モ舊ノ如クニ再興セシカバ職ヲ失ヒタル人ヤハ更ニ地位ヲ

得ルニ至レリ是ニ於テ萬事萬物亦皆繁榮セントスルノ外觀ヲ裝

ヒタリ.

ジヨンハ是等ノ事ニ由テ大ニ改悔スル所アリ因テ他人ガ已ノ貧

困ヲ訴ヘテ、富人ノ罪ニ歸スル者アレバ常ニ貧人ハ富人ノ驕奢ニ

由テ却テ已ヲ利スル者ナルコヲ說キ示セリ若シ其說ニシテ猶服

ト疑ヒタリ。サレバ、地主ニ向ヒテ予ハ如何ナル事アリトモ後來、必

ズ君ヲ尊敬スベシト云ヒシニ、地主ハ是ヲ押シ止メ予ハ今ヨリ尊

常ノ農夫ニ異ナラザルニ由リ決シテ予ヲ特別ニ尊敬スベカラズ。

但シ予ハ數十町ノ田地ヲ所持スルモ盡ク是ヲ耕スニ及バザレバ、

今ヨリ其過半ヲ荒蕪ナラシムベシト云ヘリ。ジヨンハ驚キテ云

ヘルヤウ穀物、野菜ハ贅澤品ニアラザルユヱ、猶從前ノ如ク是ヲ

賣ルヤハ必ズ利益多カラント。地主徐ニ云ヘルヤウ予ノ生計ニテ

ハ予ノ田地ノ半分ヲ耕作スレバ足リヌベシ。何ゾ其他ヲ耕作ス

ルノ勞ヲ取ランヤ。又買ヒ求メントスル贅澤品モアラザルユヱ、雇

人ノ給金ト家屬ノ要スル衣服トヲ辨ズル費用サヘアレバ他ニ求

ムル所ナキモ可ナリ。故ニ、田地ノ半分ハ是ヲ耕作セザルニ決セ

リ。是レ汝ヲ雇フニ及バザル所以ナリト。

ルニモ及バス、ジヤックノ職モ、自然ト盡キタルニ由テ、亦家ニ歸レ
リ・是等ノ事情ニテジヨンハ、大ニ困却セシモ、已ハ只農業ヲ營ミ居
タリシユヱ、少シハ安心シテ居タリ何トナレバ、農夫ノ耕ス物ハ人
ノ必要品ナレバナリ・

## 第二十四課　貧人及富人　二

一二日ヲ經テジヨンハ、常ノ如ク二田地ヲ耕シ居タリシニ、地主偶、
此處ニ來レリ・ザレド其衣服等、大ニ變セシユヱ、一見シテ地主タル
コヲ知リ難キ程ナリ・地主ハジヨンノ傍ニ來リテ汝ハ誠ニ正直モ
ノナリ・サレド汝、今ヨリ職業ヲ失フ場合トナレリ因テ他ノ職業ニ
アリ付クマデ手當トシテ、金三圓ヲ惠ムベシト云ヘリ・
ジヨンハ、是ヲ聞キ地主已ニ予ノ神ニ祈所謂セシコヲ曉リシナヲン

羽子板ハ變シテ斯ク醜キ木片トナレリト云ヒテ、猶泣キ居タリ、

ジヨンハ、是ヲ聞キ大ニ驚ス所ヲ知ラズ、妻ニ向ヒテ、烟草入

ト烟管トヲ持チ來レト命シタリ、妻、是ヲ持チ來リシニ、烟管ノ金屬

ハ皆鎔解シテ只竹ノミヲ殘シ、烟草入ヲ開ケバ、亦皆消エテ跡方ナ

シ・夫婦ハ是ヲ見テ再ビ愕然タリシガ、ジヨンハ獨自ヲ心ノ中ニ予

ハ嚢ニ神ニ向ヒテ富人ノ所有品ノミヲ破却セラレシコヲ願ハズ

リシハ、一生ノ過ナリキ・サレバ此後神ニ向ヒテ更ニ此事ヲ願ハレ

ト思ヒ居タリ。

巳ニシテ、弟ノリチヤード (Richard) 俄ニ家ニ歸リ來レリ此リチヤード

ハ、糸問屋ニ雇ハレ居タリシニ、糸、忽ニ消滅シテ業ヲ營ムコ能ハザ

ルユヘ斯ク歸リ來リシナリ、又長子ノジヤック (Jack) ハ馬車製造人ニ

家ニ雇ハレ居タリシガ、馬車ハ皆荷車ト變ゼシユヘ、馬車ヲ製造ス

九十一

ヒテ、七日ヲ經ハ必ズ茲ニ來ルベシ、其時ニ、汝ハ汝ノ願ヒタル所果

シテ已ニ利アリシカ如何ヲ知ルナラント宣ヘリ.

ジヨンハ已ノ祈請ノ空シカラザリシヲ喜ビ是ヲ妻子ニ語ラント

テ急ギ家ニ歸レリ乃チ妻ニ向ヒテ今ヨリハ貧富ノ懸隔ヲ見ル

ナカルベシ.富人ノ失フ所ハ必ズ貧人ノ利トナリ遂ニハ萬事總テ

ヲ聞キテ其觀ヲ異ニスルナラントテ、大ニ喜ビ居タリ.サレド妻ハ是

從前ト其觀ヲ異ニスルナラシガ、兼テ約束アリシカバ他ニ行カ

ントテ着物ヲ出ダシ見ルニ、コハ如何ニ今迄紬ニテアリシ袷ガ忽

チ變シテ木綿ノ着物トナリ、又他ヨリ贈ラレタリシ美麗ナル茶器

モ亦素燒ノ陶器トナレリ.妻ハ是ヲ見テ愕然タリシガ又忽チ末子

ノ叫ビテ家ニ歸ルアリ.何故ニ泣キ來ルゾト問ヘバ、末子ハ聲ヲ擧

ゲテ、今表ニテ羽子ヲ突キ居タリシニ、羽子ハ忽チ空中ニ飛ビ去リ、

九十

ノ日用品ヲモ是ニ供ヘザルベカラズ願クハ明神是ヲ照覽シ給ハ

ンコヲト此時神忽然トシテ顯レ出デ汝ノ言フ所一理アリ予ハ常

ニ力ノ及ブ限リ汝等ヲ加護セントセリ、サレド汝ハ美衣美食佳品

等ヲ惡ムニヨリ予ハ今此鞭ヲ一揮スレバ忽チ是等ノ品々ヲ破却

シ得ベシ。汝是ヲ翼フヤ否ヤト宜ヘリジヨンハ低頭平身シテ神勅

ヲ聞キ居タリシガ忽チ頭ヲ舉ゲテ其品々ヲ破却セラレンコヲ願

ヒタリ。

是ニ於テ神立チドコロニ鞭ヲ一押セシニ大厦高樓ハ忽チ變ジテ

矮小ノ茅屋トナリ美衣麗服ハ化シテ粗野ノ衣服トナレリ馬車モ、

其形ヲ換ヘテ荷車トナリ馬モ其骸ヲ失ヒテ極テ醜キ貌トナリ凡

ソ人生ニ必要ナラザル物ハ皆其用ヲ爲サズ必要品ノミ僅ニ其形

ヲ存シタリジヨンハ是ヲ見テ大ニ喜ビタリシガ神ハ更ニ是ニ向

第二十三課　貧人及富人　一

貧人ノ富人ヲ羨ムハ、古今東西相異ナルコトナシ・甚シキハ富人ノ所
業ヲ惡ミテ、貧富ヲ平均セントスルノ論サヘ唱フル者ナキニアラ
ズ・サレドモ富人ハ固ヨリ貧人ヲ害スル者ニアラズ、貧富相互ニ益ス
ル者ニシテ、貧人ノ快樂ハ多ク富人ノ富ヨリ來レルナリ・今玆ニ貧
人ノ富人ヲ惡ミテ、却テ已ヲ害シタリト云ヘル西洋ノ昔話ヲ舉ゲ
テ以テ是ヲ証スベシ・

或ル處ニジヨン、ホプキンス (John Hopkins) ト云ヘル日雇稼ギアリ・家
族ノ者六七人モアリテ已レ一人ノ給金ニテハ是ヲ扶持シ難シ・因
テ神ニ祈請シテ日ク予ハ、今、飢餓ニ迫レリ・然ルニ富人ハ馬車ヲ驅
リテ市街ヲ横行シ其妻子ハ、美衣美食シテ、少シモ吾等ヲ患ムノ心
ナシ・サレバ富人ヲシテ抱ニ其好ムノ所ヲ爲サシメントスレバ吾等

八十八

出ダシテ德川氏ト三形原ニ戰ヒ、大ニ是ヲ破レリ。巳ニシテ、亦野田

城ヲ攻ムルニ及ビ、疾ヲ獲テ歸リシガ、疾癒ユルニ及ビ、更ニ進ミテ

三河ヲ攻メタリシニ疾マタ作ル。是ニ於テ、自ヲ起ツベカラザルヲ

知リテ、後事ヲ處分シ、遂ニ死ス。年、五十三ナリ。諸將其遺命ニ由テ喪

ヲ祕シ、信玄ノ弟信綱ノ容貌信玄ニ似タルヲ以テ輿シテ國ニ歸リ、

暮夜ヲ以テ四方ノ使者ヲ延見セリ。然ルニ四隣陰ニ信玄ノ死スル

ヲ聞キ、是ヲ謙信ニ告グル者アリ。謙信方ニ食セシガ箸ヲ舍テ、歎

シテ曰ク、嗚呼、吾好敵手ヲ失ヘリ。世マタ此英雄男子アランヤト。因

テ涕ヲ流ス「久シカリシトゾ。

詩延詩ト云フ。

詩延詩ヲ作ル席

韜晦ツヽミク ラマス。

瘻覽チンハ ノ。

八十七

其救援ヲ乞フ謙信曰ク諸君、豈人ノ下タル者ナランヤ。然ルニ、來リ
テ我ニ託ス、是レ我ヲ知ルナリ。我ヲ知ル者ニ遇ヒテ力ヲ出サル
ハ丈夫ニアラザルナリト。遂ニ是ヲ諾シ、直ニ兵ヲ信濃ニ出ダシテ、
信玄ト河中島ニ戰フ。其戰前後總テ五回ニシテ、互ニ勝敗アリ。然ル
ニ、此二將徒ニ河中島四郡ノ故ヲ以テ兵ヲ構フル十二年ニ及ビ
シカバ、兩家各一力士ヲ選ビテ闘ハシメ、勝ツ者ハ乃チ河中島ヲ取
ランコヲ約セリ。而シテ上杉氏ノ力士、是ニ勝チタリシカバ信玄ハ、
貝津一城ヲ取リ、其餘ハ盡ク謙信ニ屬セリ。是ニ於テ謙信直ニ義淸
等ヲシテ其故地ヲ復セシム。

已ニシテ信玄、又今川氏眞ヲ攻メテ是ヲ走ラシ、駿河ノ諸城ヲ取ル。
遂ニ德川氏ト約シテ、大井河ヲ割キテ分界ト爲シタリ。茲ニ至リ信
玄ノ領スル所ハ甲斐信濃飛騨駿河上野ノ五國ナリ。其後更ニ兵ヲ

八十六

チ成ル。晴信因テ大ニ是ヲ悦ブ。信形乃チ詩賦ノ事ヲ廢シ務ヲ妨グ

ルノ弊ヲ陳ジ其不可ナル事ヲ極諫セリ。晴信、大ニ感悟シ、遂ニ專ヲ

國政ヲ勵ムニ至レリ。

晴信、亦信形ノ言ヲ納レテ、山本勘助ヲ舉グ。勘助ハ三河ノ人ナリ。胗

目瘰躄ニシテ、容貌極テ醜シ。初メ今川義元ニ仕ヲ求メタリシガ、義

元深ク是ヲ奇トセズ。是ニ至リ、晴信勘助ヲ召シ、見テ共ニ談論シ、大

ニ喜ビテ謀議ニ預ラシム。是ヨリ晴信其計ヲ用ヒテ、城ヲ陷レ、敵ヲ

破ルコ算ナシ。勘助、遂ニ功ヲ以テ八百貫ノ邑ヲ食ムニ至リシカバ、

自ヲ駿河ニ行キテ、是ヲ謝セシニ、義元、先ニ是ヲ用ヒザリシ事ヲ深

ク後悔セリト云ヘリ。

晴信、髮ヲ創リテ信玄ト稱スルニ及ビ、頻ニ信濃ノ地ヲ侵略セリ。因

テ村上義清ハ、高梨須田ノ輩ト共ニ越後ニ走リテ、上杉謙信ニ投ジ、

國二返サズ而シテ晴信ハ、遂二甲府二據リテ自立シ信虎ヲ拒ミテ

國二入レズ已ニシテ晴信漸ク酒色二耽リ又文雅ヲ好ミ更二意ヲ

武田信玄

國政二用ヒズ板
垣信形是ヲ憂へ、
潜二詩ヲ善クス
ル僧ヲ家二延キ
テ詩ヲ作ルコヲ
學ビ、一日詩筵二
陪シテ詩ヲ作リ
シカバ晴信大二
驚キテ更二新題
ヲ授ケシニ亦忽

## 第二十二課　武田信玄

武田信玄ハ初メ晴信ト云フ信虎ノ長子ナリ洗男ニシテ謀略アリ・

然ルニ父信虎ハ次子信繁ヲ愛シ顔ル嫡ヲ易ヘントスルノ志アリ・

晴信是ヲ知リ故ラニ愚鈍ノ態ヲ爲シ自ヲ深ク韜晦セリ・晴信兵三

百ヲ以テ海口城ヲ攻メテ是ヲ破リ城將ヲ斬リテ其首ヲ獻ズルニ

及ビ人皆始テ其智勇ニ服セリ・サレド晴信ハ猶愚人ノ状ヲ爲セリ」

信虎ハ狂暴ニシテ賞罰常ナク國人皆是ヲ苦ム・晴信因テ今川義元

ニ結ビ信虎ヲ廢センコヲ謀レリ・時ニ信虎亦晴信ヲ廢シテ信繁ヲ

立テント欲シ自ヲ駿河ニ行キテ是ヲ義元ニ計リシニ義元留メテ

八十三

齊ニ壓擊スレバ圓形ノ面ニ貨幣ノ模樣ヲ印シ更ニ是ヲ排除シテ

函中ニ下ス凡ソ一分時間ニ六十枚ヲ壓記スト云フ五十錢、二十錢、

十錢等ノ小銀貨ヲ製スルモ亦是ニ異ナルコトナシ既ニ成リタル銀

貨ヲ一枚每ニ調査シ又鐵盤ニ打チ付ケテ其響ヲ聽タ其瑕アル物、

極印ノ鮮明ナラザル物及響ノ惡シキ物等ハ皆是ヲ除キ去リ不完

貨幣ト稱シテ再ビ鎔解スルナリ其完全ナル物ハ是ヲ包ミ封シテ、

始テ通用スベキ物ト定ムルナリ.

造幣局ハ明治元年ニ建築ニ着手シ三年ニ落成シ四年ニ至リテ始

テ開業セリ其機械鑄造法ハ皆西洋ニ倣ヒタリ技師、工人數百人ニ

シテ年々鑄造スル金、銀、銅ノ貨幣ハ數百萬ヲ以テ數フベシ實ニ東

洋唯一ノ造幣局ニシテ支那等ヨリモ屢地金ヲ送リテ其鑄造ヲ請

求スルニ至レリ亦盛ナリト謂ツベシ.

八十二

量ノ物ノミハ、是ヲ縁付機ニ移シテ圓形ノ縁ヲ輪緣トナサシム、又

此圓形ガ、膩垢ヲ帶ビテ靑黑色ナルトキハ、是ヲ鐵鍋ニ並ベテ爐中ニ

入レ、其熱ノ適度ヲ候ヒテ取リ出ダシ、凡ソ三十分時間ヲ歷タル後、

ニ、陶製ノ洗淨鉢ニ入ルヽナリ、其鉢ノ底ニハ、數箇ノ細孔アリテ、稍、

篩ニ似タリ、是ヲ硫酸水ニ浸シテ垢ヲ去リ、白キ光澤ヲ生ズルニ至

リテ、再ビ淸水槽ニ入レ、又是ヲ蒸氣乾燥盤ニテ乾カシ、後此圓形ヲ

極印機ニ移スナリ。

其極印機ハ、大小方圓一ナラザレ圧、今、其一ヲ說カンニ、長方形ニシ

テ、高サ八尺幅三尺二寸側面六尺アリ、其中ニ上下相對シテ二ツノ

模型ヲ嵌メ、其型ニハ、各貨幣ノ模樣ヲ鏤刻セリ、上ナルヲ表文トシ、

下ナルヲ裏文トシ、共ニ是ヲ極印ト云フ、其前ニ銅管アリ、圓形ヲ其

銅管中ニ入ルレバ鉗子アリ、夾ミテ極印ノ上ニ送ル、其極印ハ上下一

八十一

ル二軸ヲ疊ミタリ此二軸ノ間隙ニ前ノ銀棒ヲ差入レ傍ナル車輪

ヲ旋ヲシテ二軸相轉ズレバ其間隙ヲ通過スルヤニ壓搾セラレテ、

一方ニ出ヅベシ其山デアタル銀棒ヲ取リテ又差入レ斯クスル「凡

ソ十餘度ニシテ棒漸ク延ビテ長サ六尺位ノ物トナルナリ是ヲ横

ニ切リテ三枚トシ、一枚毎ニ前ノ如ク延ブル「凡ソ十餘度ニテ始

テ銀板トナル是ニ至リテ板面ノ平直厚薄等ヲ銓定スルナリ其長

サ三尺厚サ七厘ナルヲ以テ製造スベキ一圓銀貨ノ適度ナリトス」

右ノ銀板ヲ圓形穿截機ニテ圓ク打拔キテ取ルナリ是ヲ圓形ト云

フ・一分時間ニ二百五六十枚ヲ打拔クベシ此圓形ヲ自動天秤ト云へ

ル極テ精巧ナル天秤ニ懸ケテ其量ノ正否ヲ驗スルニ一分時間ニ

凡ソ二十四枚ヲ量ルベシ其重キニ過グル物ハ削減器ニ掛ケテ是

ヲ削減シテ其正量ヲ得セシメ輕キモノハ再ビ鎔解スルナリ其正

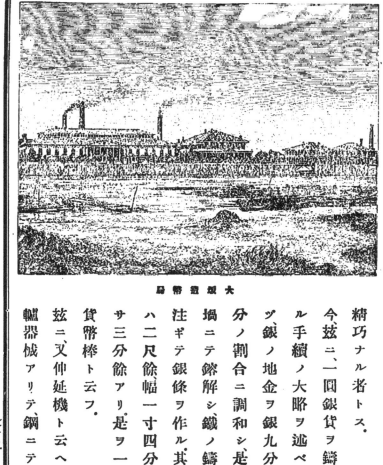

大阪造幣局

精巧ナル者トス.

今茲ニ一圓銀貨ヲ鑄造ス
ル手續ノ大略ヲ逃ベン.先
ヅ、銀ノ地金ヲ銀九分銅一
分ノ割合ニ調和シ,是ヲ坩
堝ニテ鎔解シ鐵ノ鑄型ニ
注ギテ銀條ヲ作ル其長サ
ハ二尺餘幅一寸四分餘厚
サ三分餘アリ是ヲ一圓銀
貨幣棒ト云フ.
茲ニ又伸延機ト云ヘル轆
轤器械アリテ鋼ニテ製セ

七十九

キヲ權リタルナリ。畢竟スルニ、金銀銅ハ其質、强クシテ、物ニ觸ルヽ、

モ、容易ニ破ルヽ、コナシ。是ヲ千萬人ノ間ニ融通スルモ其形ヲ損ス

ルコナク又其量ヲ減ズルコ少シ。故ニ其價ヲ失フ如キ憂アルコ無

シ若シ是ヲ硝子等ナラシメンニハ、破壞シ易クシテ、各人ノ不便ヲ

感ズルコ極テ大ナル可シ

第二十一課　貨幣鑄造

我國ニテ貨幣ヲ鑄造スル所ハ政府ノ造幣局ナリ同局ハ、大坂天滿

ノ新川崎町ニアリ。館ノ構造ハ石造ト煉瓦造トノ二樣ニテ甚ダ壯

大ナリ局内ノ工業場ヲ金銀貨幣鑄造塲ト銅貨幣鑄造塲トノ二ッ

ニ大別セリ又別ニ彫刻工作製作等ノ諸工塲アリ塲内ニ据付ケタ

ル諸機械ハ幾百ト云フ數ニテ皆蒸氣力ニテ運轉セシム極テ宏壯

七十八

僅ニ八匁八分餘ナリ.故ニ三十箇ノ價ハ、六百圓ナレヒ、其重量ハ凡

ソ二百六十匁ニ過ギズ.斯ク、金貨ハ攜帶ニ便ニシテ、而シテ許多ノ

物品ヲ買ヒ得ベキニ由リ、其價ノ貴キコ必然ナリ.然ルニ鐵ノ如キ

ハ、六百圓ノ價ヲ有スル重量ハ強壯ノ男子四五人協力スルモ猶是

ヲ舉グルコ能ハズ、其貨幣ニ適セザルコ以テ知ルヘシ.

萬物中形、小ニシテ價、大ナルハ、金剛石ヲ以テ第一トス.然ルニ是ヲ

貨幣ト爲サ・ルハ如何ト云フニ金剛石ハ、至貴至重ナリト雖モ其

形小ニ過ギテ却テ不便ナリ.僅ニ縫針ノ尖頭ニ過ギザル一片ニテ

モ四五圓ノ價ヲ有セリ.故ニ巨額ノ價アル品モ財布ノ縫目ヨリ脱

失スル如キ憂ナシトセズ.是レ貨幣ニ適セザル所以ナリ.又一錢二

錢等ノ小錢ヲ金銀ニテ造ラ・シテ銅ヲ用ヒタルモ、亦此理ニ由ル

ナリ.故ニ價ノ高低ニヨリテ其物質ノ相同ジカラザルモ皆其宜シ

七十七

第二十課　貨幣ノ商品タルベキ價格

何レノ開化國ニテモ、貨幣ハ皆金、銀、銅ノ類ノミヲ用ヒテ造ルハ何

故ナルゾ。蓋是等ノ金屬ハ、融通ノ商品タルニ適應スベキ性質ヲ具

フル「他ノ物品ニ優ルガ故ナリ。若シ是ニ反シテ、彼野蠻人民ノ如

ク、鹽、家畜、貝殻等ヲ用ヒテ貨幣トシタランニハ、其不便果シテ幾許

ゾヤ。

然ルニ貨幣ヲ造ルニ金屬ヲ用フルノミナラズ、其金屬ノ中ニテモ、

尚彼此ヲ選擇シテ用フル「アルハ、如何。即チ貴キ貨幣ニハ、金銀ノ

ミヲ用ヒテ、鉛鐵等ヲ用フル「ナシ。是レ固ヨリ其理ナキニアラズ。

蓋金銀ハ其質美ニシテ、且甚ダ稀少ナルニ由リ、其價モ亦隨テ貴シ。

就中黃金ハ形小ニシテ、其價極テ貴キガ爲ニ、是ヲ運搬スル「殊ニ

容易ナリ。彼二十圓ノ金貨ハ其大サ、一錢銅貨ヨリモ小サク其重量、

チテ、直ニ何方トモナク走セ去リヌ．六七年ノ間此男ノ蹤跡分ラザ

リシガ、一日其子ノ家ノ前ニ一人ノ僧佇ミ居タリ．此時父已ニ死シ

テ其子主人トナリ猶紙屑ノ賣買ヲ業トセリ．彼僧ハ其家ニ入リ來

リ、予ハ糞ニ汝ヲ奪ヒタル男ナレモ其罪ヲ懺悔シテ斯ク僧トナレ

リ・サレド予ノ斯ク佛道ニ歸依シタルモ皆汝ノ孝道ニ基ツク者ナ

リト云ヒテ共ニ昔日ノ事ヲ語リ遂ニ別ヲ告ゲテ立チ去リタリト

云フ．

此話ニ就テ、一時眠リタル眞心モ他人ノ德行ヲ目撃シテ突然奮與

スルコアルヲ見ルベシ・サレバ反對ノ物相觸ル、トキハ却テ其物ヲ

シテ明白ナラシムルノ益アリ此男ガ他人ノ德行ヲ見テ直ニ已ノ

足ヲザル所ヲ知リタル如キハ其一例ナリ．

七十五

配セラルヽナラント言ヒテ泣キ伏シタリ.

其子ヲ奪ヒタル男ハ其子ノ動作ヲ、日々注目シ居タリシガ漸ク其

子ヲ憐ムノ心ヲ生シ遂ニハ已ノ行ヒタル所業ヲ愧ヅルニ至レリ.

自ヲ謂ラク予ガ此子ニ爲シタル所業ハ孝道ニ背クニ二ツアリ已

ノ父母ニ對シテ其教ヲ守ラザルコ其一ナリ又此子ハ父母ヲ愛ス

ル「斯ク深切ナルニ是ヲ奪ヒタルハ其二ナリサレバ予ノ所業ハ、

虎狼ノ爲ス所ヨリモ殘酷ナリシナリ予ハ直ニ此子ヲ其父母ニ還

スベシ假令予ハ路傍ニ餓死ストモ、今ヨリハ詐欺掠奪ヲ以テ一生

ヲ終フベカラズト.

是ニ於テ直ニ江戸ニ歸リシガ湯島ニ至リタル頃ハ既ニ日没ノ後

ニシテ其子ノ兩親家ニ居タリシカバ其男ハ家ノ外ニアリテ、大聲

ヲ發シ今予ハ汝ノ子ヲ連レ歸レリ.汝是ヲ受ケ取ルベシト云ヒ放

七十四

第十九課　子ヲ奪ハレタル話

昔、江戸ノ湯島ニ三郎兵衛ト云ヘル者アリ、紙屑ヲ賣買シテ、纔ニ生

計ヲ營ミ居タリ。此者ニ、今年九歳ノ子アリシガ、或ル時、家ノ外ニ遊

ビ居タリシニ、忽チ或ル人ニ奪ヒ去ラレタリ。其奪ヒタル男ハ、直ニ

陸奧國ニ走ラントテ、長キ旅ヲ爲シタリシガ、九歳ナル子供ハ、道々、

紙屑ヲ拾ヒ行ケリ。故ニ其男ハ、何故ニ斯ク紙屑ヲ拾フゾト尋ネシ

ニ、子供ハ、是ニ答ヘテ、我父ハ、紙屑ヲ賣買スルヲ業トセリ。故ニ吾レ、

斯ク紙屑ヲ拾ヒ集メテ、是ヲ父ニ贈ラント思フナリト云ヘリ。

斯ク其子ハ、兩親ヲ慕ヒテ起クルニモ、痕ヌルニモ、又食スルニモ、常

ニ兩親ヲ拜マズト云フコトナシ。或ル日其子ハ、聲ヲ放チテ、今頃ハ吾

父母ハ、何ヲ爲シテ居ルル、ゾ吾ガ斯ク連レ行カレシ事ヲ定メテ心

七十三

府內人民遊歩ノ地ニハ、インデペンデンス (Independence)、ワシントン、

フランクリン (Franklin)、ペン (Penn) 等ノ方形ナル空地アリ、又フェーヤ

モント、ヒル (Fairmont Hill)、フェーヤモント、パーク (Fairmount Park) ト云

フ遊苑アリ、此遊苑ハ、スキールキル河ヲ抱キタル、兩岸ノ岡ヲ根本

ニ取リ、天然ノ山水ニ依リテ營造セシ渚ナリ、其公園タル、嘉樹異草

ニ富ミ、天眞爛漫トシテ實ニ絶勝ノ地ナリ、蓋賚拉特費ノ市民ハ遊

園ヲ營造スルニ、天眞ヲ存スルヲ主トス、故ニ天然ノ佳勝ヲ擇ビテ、

是ニ人工ヲ加ヘ、以テ遊覽ノ地ト爲シタリト誇リ、當ニ紐約克ノ公

園ヲ評シテ、全ク人爲ニ成リテ、天眞ノ美アルコ無シト云ヘリ、然ル

ニ紐約克ノ市民ハ、亦賚拉特費ノ公園ヲ評シテ、自然ノ山野、林泉ヲ

以テ遊園ト爲スニ過ギズト譏笑セリ、兩都ノ人民互ニ其繁榮ヲ頡

頑スルハ、此一例ヲ見テ推シテ知ルベキナリ．

七十二

此鐘ヲ鳴ラシ、遂ニ撞キ破リタル物ナリト云ヘリ.其他,堂中ニ當時
ノ英傑ワシントン(Washington)氏以下數名ノ畫像アリ.合衆國造幣局
ハ北亞米利加全國ニ通用スル三種ノ貨幣ヲ製造スル所ニシテ,三
十萬弗ヲ費シテ築造セシモノナリ.其他,ペンシルヴァニヤ大學及
ジラルド(Gerrard)學校等モ其建築甚ダ宏壯ナリ.

スキールキル河邊ハ,內國貿易商ノ群集スル所ニシテ,デレウェア
河岸ハ外國貿易船ノ碇泊スル處ナリ.此河ハ,太西洋ヨリ遠ク百二
十哩ヲ隔ツレ㆑河身尚甚ダ深クシテ,最大ノ船舶容易ニ河岸ニ近
ツクコヲ得ベシ.デレウェア河邊ニハ汽船ノ渡船場六個所アリテ、
ニューゼルセー(New Jersey)トノ往來ヲ便ニセリ.スキールキル河ニ
ハ三大橋ヲ架設シテ,ペンシルヴァニヤノ內地トノ交通ヲ自由ニシ
タリ.

七十一

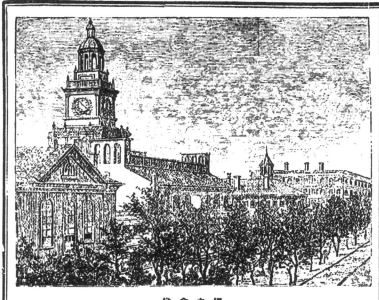

獨立會堂

府內ニ名高キ建築多シ獨
立會堂ハ英國ノ干渉ヲ拒
絶シテ、獨立スルニ至ル時
マデ、十三州ノ代人ニテ國
黨政府ヲ設ケシ所ナリ彼
高名ナル亞米利加獨立ノ
檄文ハ此堂ニ於テ起草シ
テ公布シタリト云フ今猶
其草案ヲ藏シ又破壞セル
鐘ヲモ藏セリ此鐘ハ獨立
ノ戰爭前英國ノ虐政ヲ及
ケ州民悲哀ニ堪ヘズシ

（Delaware）河ト スキールキル（Schuylkill）河ト落合ヘル地ノ南端ヲ占メ

タリ。地形ハ高低アリテ平坦ナラズ、中央ハ最モ高ク、兩河ニ近ツク

ニ従テ漸ク低クナレリ。

此都府ノ繁榮トナリシハ、合衆國ニ於テ殊ニ古キ事ナリトス。然レ

ル其者シク繁盛ニ趣キタルハ、北米合衆國獨立シテ國會ヲ設ケシ

以來ニアリ。千八百六十年ニハ、五十六萬二千人ニ近ク、千八百七十

年ニハ、六十七萬四千人ニ達シタリト云ヘリ。其以後ノ繁盛推シテ

知ル可シ。

此都府ハ、費拉特費本部ト外坊數個トヨリ成レリ。本部ノ街道ハ、河

岸ニ沿ヒテ少シク屈曲シタル處アレドモ、其餘ハ縱横ニ市街ヲ貫キ、

直條方形ノ地區ヲ爲セリ。街道ノ左右ニハ樹木ヲ並植シ、家屋ハ、白

大理石若シクハ赤煉瓦ヲ用ヒテ築造セリ。

五世咱濡繩祖功咱息ヲ吹キカケ

驍埭ハ勇猛ト云フガ如シ關東八ケ國ノ勇士ガ早雲ノ組下トナルヲ云フ。

ルフ溢ハウルポスト雅子ニ泉溷魚相與処水陸相响以鰮溢以沫トアリ北絛氏ガ五代ノ間恩惠ヲ施シヲ云フ繩ハ代グフナリ。

名門 名家ト云フガ如シ大江氏ハ匡房廣元等ノ後ニテ名家ナリ。

孤城牟歲贄環攻 秀古ガ半年カヽリテ小田原城ヲ圖ミシヲ云フ。

憑雲樓櫓懸高鳥 元就ガ嚴島ニ城ヲ築キ櫓ヲ設ケテ網ヲ引キ出ダシタルハ網ヲ張リ老鯨ハ全羱ニ喻フ。

破浪戈鋌断老鯨 戈鋌ハ共ニ矛ノ類ナリ老鯨ハ全羱ニ喻フ。

二兒將略並

千里覇圖同大帝 覇圖ハ覇業ト云フガ如シ大帝ハ、

孫皓不

長城 二兒ハ吉川元春、小早川隆景ナリ長城ハ萬里ノ長城ニテ藥ニ北方ノ國ヲ防グタメニ築キタルナリ。

量力 輕重元ガ分量ヲ料ラズシテ家康ニ敵對セシヲ孫ノ子孫ノ孫皓ガ晉ト職ヒテ亡ビタルニ喻フ。

## 第十八課 費拉特費

費拉特費(Philadelphia)ハ北亞米利加、合衆國ノ、ペンシルヴァニヤ(Pennsyl-vania)州ニアリテ、合衆國第二ノ都府ナリ。此都府ハ、デレウェア

覇庭綱弛四與戎、便見人豪起海東。地按故資撫背誓、諳上略攬英
雄。八州驍虓歸兵籍。五世啊濡䋞祖功。末路猶知士心。孤城半歲斃
環攻。

### 毛利氏

抗衡。上

覇庭利氏ヲ云フ。幕府ナリ尻

鯨。千里覇圖同大帝。二兒將略並長城。可憐孫皓不量力欲向中原謀。

果識名門出俊英。十州豪傑避旗旌。慾雲樓櫓懸高鳥。破浪戈鋋斬老

綱弛收事ノ衰ヘ

地按故資撫背誓 按ハ據ルコ故資ハ元ノ資本ノコ撫ハ、摩チメ、クコ、薬ガ
闕中ノ都ハ險阨ノ地ニテ天下ノ阮ヲヘリ背ヲ拊ツガ

人豪英雄ト云フガ如
略攬英雄共世ノ初ニ主將之法務攬英雄之志トアリ早雲人ヲ以テ三略シ讀

如クナルヲ漢ノ高祖ハ其故地ニ據リテ強大ニナレリ今ハ
早雲ガ北條氏ト稱シテ其險阨ナル舊地ニ據リレ二

書諳上

マシメレバ此句ヲ聽キテ我ハ英雄ノ志ヲ抱リ
レバ其世ハ讀ムニ及バズトテ止メントゾ。

八州驍虓歸兵籍

氏ハ東西ニ角立シテ、天下ヲ幷呑スルノ心アリト雖モ、遂ニ是ヲ果

スコ能ハザリキ．

ヒトリ織田氏ハ四氏ノ中ニ介立シテ、强ヲ避ケ弱ヲ擊チ將ニ其效

ヲ奏セントスルニ及ビ中道ニシテ其臣明智光秀ニ弑セラレ、其志

ヲ果スコ能ハズ豐臣氏其遺謀ヲ繼ギテ始テ天下ヲ合同スルヲ得

タリ、然レモ其基業鞏固ナラズ二代ニシテ其家遂ニ亡滅セリ、尋デ

德川氏是ニ代リ、天下兵馬ノ權ヲ掌握スルニ及ビ、海内始テ安寧ナ

リ、是ニ於テ、武人割據ノ迹亦地ヲ掃ヒテ見ルベカラザルニ至レリ．

邦土　領地ト云フニ同ジ．

第十七課　咏史二首類裏

後北條氏

其頃常陸ニハ佐竹氏アリ、駿河ニハ、今川氏アリ、三河ニハ、德川氏ア
リ、美濃尾張ニ織田氏アリ、越前ニ朝倉氏アリ、近江ニ淺井氏アリ、美
作備前ニ浮田氏アリ、出雲伯耆ニ尼子氏アリ、周防長門豐前安藝石
見ニ大內氏アリ、薩摩大隅ニ島津氏アリテ、時ノ衰亂ニ乘ジテ、各智
勇ヲ奮ヒ以テ一方ニ割據セリ、然ルニ元龜天正年間ニ至リ、毛利北
條氏等蛔起スルニ及テ、多クハ其下風ニ立ツニ至レリ。

元龜天正年間ニ至リ、武人ノ最モ大ナル者四氏アリ、卽チ北條氏武
田氏上杉氏毛利氏是ナリ、毛利氏ハ安藝ヨリ起リテ、山陽山陰十三
州ヲ幷セ、其驅土尤モ廣シ、其次ヲ北條氏ト爲ス、北條氏ハ初メ伊豆
ヲ取リテ是ニ據リ、遂ニ關東八州ヲ占領シテ、是ヲ子孫五世ニ傳ヘ
タリ、武田氏ハ甲斐ニ起リテ、信濃飛驒駿河上野ヲ幷セ、上杉氏ハ越
後ニ起リテ、越中能登加賀ヲ幷セ、莊內會津ヲモ攻略セリ、凡ソ此四

六十五

氣ノ壓力ヲ知ルヤハ此後說明セントスル喞筒ノ事ヲ理會スルハ、極テ容易ナル可シ．

第十六課　武人割據

應仁元年足利氏ノ權臣細川勝元、山名持豐各私黨ヲ立テ、京師ニ鬪ヒシガ其後十一年間、兵亂相續ギ京師ハ戰鬪ノ區トナレリ是ニ於テ、公卿百官皆諸國ニ逃散シ文武ノ範、亦皆荒野トナル朝廷ノ衰頽是ニ至リテ極レリト謂フ可シ．是ヨリシテ天下ノ武人東西ニ割據シテ、呑噬ヲ事トシ復足利氏ヲ仰グ者ナシ而シテ足利氏モ亦是ヲ制スルコ能ハズ將軍義政ノ後、義尙義植義澄義輝義昭ノ世ヲ終ルマデ凡ソ一百餘年間、海內分裂シテ爭亂止ム時ナシ是レ所謂我戰國トモ稱スベキ時代ナリ．

三ハ此ノ壓力ハ、毎平方インチニ約ッ十六斤ナルコ即チ是ナリ．

蠅ガ平滑ナル壁ヲ驅ケ上リ、又ハ天井ヲ倒歩スルハ其足ノ裏ニ小

サキ吸子アルニ由ルト云ヘリ．又天然ノ吸子ハ、貝類ニハ必要

ナルモノニシテ、蚫等ノ岩石ニ緊着スルハ、全ク是ニ由ルナリ．又彼

章魚ハ殊ニ異形ノ者ニシデ、八箇ノ足ヲ具ヘ其足ニハ數多ノ吸子

アリ．此ノ八箇ノ足ヲ以デ餌食ヲ攫ミ、其數百ノ吸子ヲ以デ是ヲ緊着

スルニ由リ、一タビ是ニ纏抱セラルヽハ、容易ニ逃脱スルコ能ハ

ズ．

斯ク空氣ニハ、大ナル壓力アルニ由リ、吾等ノ身體ハ非常ノ重量ヲ

受クル者ナリ．今是ヲ略算スルニ、通常ノ人ハ四千三百五十八貫餘

ノ力ヲ以デ壓搾セラルヽ、ナリ．而シテ其毫モ是ヲ感ゼザルハ、身體

ノ前後左右上下トモニ均シク其壓力平均スルニ由ルナリ．既ニ空

インチ(Inch)アリ.故ニ是ヲ一平方インチト云フ空氣ハ斯ル一平方

インチ毎ニ恰モ十六斤餘ノ物ヲ載セタルト同一ノ力ヲ以テ壓搾

スルモノナリ.然ラバ則チ毎平方寸ニ於ケル空氣ノ壓力ハ約ッ十

六斤ナルコト自ヲ判然タル可シ.

此説明ニテ吸子ノ瓦石ニ緊貼スル理ヲ知ルコヲ得ベシ蓋革ノ濕

潤セル緣ハ瓦石ニ緊貼シテ其革ノ下ニ突入セントスル空氣ヲ防

過スルナリ.而シテ其絲ヲ引キテ吸子ノ正中ヨリ扛起スレバ石ト

革トノ間ハ眞空ナルコ必然ナリ.然レヒ其外面ニハ、一平方インチ

毎ニ十六斤ノ壓力アリ.故ニ吸子ヲシテ蛭ノ如クニ緊貼セシムル

モノハ此外面ノ壓力ナリ.斯ク瓦石ニ緊貼スル所ノ吸子ノ原因ヲ

會得セシハ實ニ肝要ナル事ヲ知リタルナリ再ビ其原因ヲ舉グレ

ハ第一ハ空氣ニ重量アルコ第二ハ此重量ヨリ壓力ヲ生ズルコ第

吸子

ベシ・或ハ只吸子ノ緣ヲ手ニテ壓スレバ、直
ニ緊貼スルコトアリ・斯ク吸子ノ瓦石ニ緊貼
スルハ濕潤ノ然ヲシムル所ナリト云ハレ
カ又ハ吸子ト瓦石トヲ緊貼セシムル一種
ノ奇異ノ吸引力ノ存スルニ由ルト云ハンカ是レ亦明曉ノ答ニアラ
ズ・故ニ吾等ハ何人ニモ明白ニ了解ス可キ說明ヲ得ント欲スルナ
リ・

吾等ノ呼吸スル空氣ハ吾等ノ身體ヲ回繞スル者ナリ・而シテ此空
氣ニハ重量アリト雖モ直ニ身體ニ感ズルコトナキニ由リ、卻テ其性
質效用等ヲ知ル者少シ・今、ソレ空氣ハ地球上ノ萬物ヲ
多少壓搾スル者ニシテ此壓力ハ、全ク其重量ヨリ起リ
タル者ナリ・此圖ニ示シタル小サキ方形ハ其四邊皆一

千餘アリ・又蜜蜂中ノ蜂王トナルベキ者ハ其幼稚ナル時頗ル廣キ

圓筒形ノ宮室ニ養ハレ花ノ液汁ヨリ醸成セル滋味ノ食物ヲ食フ・

夏季ニ至リテ蜂數漸ク増加シ其蜂房内ニ充滿スルヤハ他ニ住所

ヲ捜索セシガ爲ニ幼蜂王是ヲ牽ヰテ一群ノ殖民ヲ派遣スルナリ・

## 第十五課　吸子

吸子ハ圓キ革一片ヲ取リテ其正中ニ細孔ヲ穿チ是ニ絲ヲ通シ其

絲ノ端ニ結目ヲ作リテ脱セザラシメタルモノナリ而シテ吸子ヲ

使フニハ必ズ能ク是ヲ濕潤セザル可ラズ時ニヨリテハ數時間モ、

水ニ浸サヽレバ其效ヲ見ルベカラザルコトアリ・

今濕潤セル吸子ヲ扁平ノ瓦石ニ當テ、其緣ヲ壓着スレバ其革必

ズ瓦石ニ緊貼ス可シ・其吸子瓦質ナルトキハ稍重キ物ヲモ扛起シ得

六十

ヲ適宜ノ處ニ附着ス。而シテ蜂房ヲ構造スルニハ多量ノ物質ヲ費

サズシテ專ラ堅固ナラシヲ主トシ其形ハ殆ド圓形ニ近キ六角

形ナリ。毎房ノ間ハ隔障ヲ以テ支持シ其底ハ能ク適合セル三薬ノ

板ヲ用ヒテ造レル者ナリ。斯ク三薬ノ板ヲ用ヒテ其底ヲ造リタル

ハ僅少ノ材料ヲ以テ最大ノ強壯ヲ得セシムル者ナレバ其構造ノ

巧ナル「人智モ亦及バザル所アリ。

蜜蜂ノ一群ハ其數凡ソ一萬九千頭ナリ。而シテ其一群中ニハ眞正

ノ雌蜂只一頭アリ。此雌蜂ノ大サハ自ヲ他ニ秀デタル者ニシテ是

ヲ蜂王ト云フ蜂王ハ一群中ニアリテ一ノ君主ナレバ他ノ蜂ハ皆

其命ヲ奉ジテ勞役スルナリ。雄蜂ハ其數凡ソ六百頭アレドモ四五ノ

兩月間ノミ生存シ其期月ヲ過グレバ不用物ナリトテ工蜂ニ螫シ

殺サル、ナリ。工蜂ハ專ラ勞役ニ服スル者ニシテ其數凡ソ一萬五

五十九

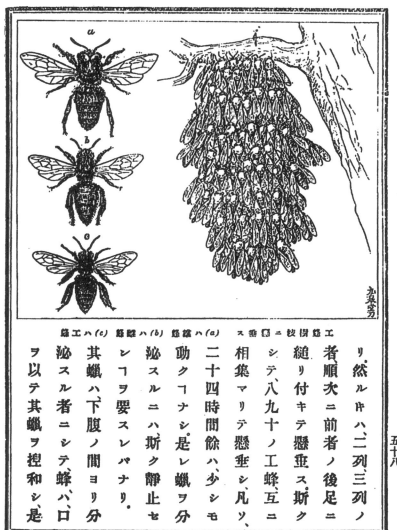

(a)ハ雄蜂　(b)ハ雌蜂　(c)ハ工蜂

工蜂閉枝ニ齊垂ス

り。然ルトキハ二列三列ノ
者順次ニ前者ノ後足ニ
縋リ付キテ懸垂ス斯ク
シテ八九十ノ工蜂互ニ
相集マリテ懸垂シ凡ソ
二十四時間餘ハ少シモ
動クコトナシ是レ蠟ヲ分
泌スルニハ斯ク靜止セ
レコヲ要スレバナリ。
其蠟ハ下腹ノ間ヨリ分
泌スル者ニシテ蜂ハ口
ヲ以テ其蠟ヲ揑和シ、是

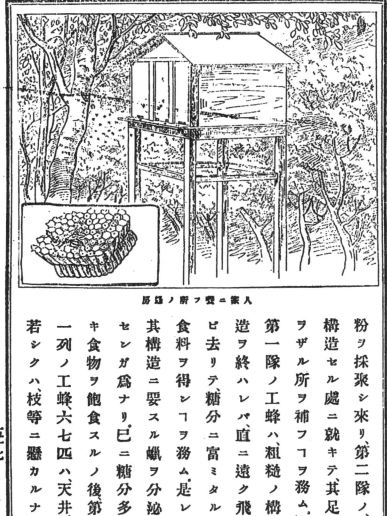

人家ニ畜フ所ノ蜂房

粉ヲ採聚シ來リ、第二隊ノ、
構造セル處ニ就キテ其足
ヲザル所ヲ補フコヲ務ム」

第一隊ノ工蜂ハ粗糙ノ構
造ヲ終ハレバ、直ニ遠ク飛
ビ去リテ糖分ニ富ミタル
食料ヲ得ンコヲ務ム是レ
其構造ニ娶スル蠟ヲ分泌
センガ爲ナリ巳ニ糖分多
キ食物ヲ飽食スルノ後第
一列ノ工蜂、六七四ハ天井、
若シクハ枝等ニ懸カルナ

五十七

蜜蜂ハ山野ニ栖ム者ナレ𪜈其蜜ト蠟トヲ取ランガ爲ニ人家ニ養

フコ多シ.其形ハ小サクシテ長サ三四分ニ過ギズ.全身ニハ微黃色

ノ毛アリ背ハ淡黑ニシテ翅ハ灰白色ナリ.其種類ハ雄蜂雌蜂工蜂

ノ三種ナリ.

蜂房ノ構造ハ他ノ昆虫ノ巣ニ比スルニ猶宮殿ノ矮屋ニ於ケルガ

如シ.此蜂房ニハ卵子ヲ置キ或ハ蜂蜜ヲ貯ヘ以テ冬月ノ食料ニ備

フ.而シテ工蜂ガ蜂房ヲ構造スルヲ見ルニ,其邊緣ヲ附著スルニハ、

樹脂ヲ用ヒ其材料ニハ蠟ヲ用フルナリ.斯ク構造スルノ次序ヲ見

ルニ其勞働スルヤ整然トシテ少シモ亂ル、コトナシ.其中ニ三隊ノ

工蜂アリ.第一隊ハ蜂房ノ材料ヲ持チ來リテ粗糙ニ是ヲ構造シ第

二隊ハ粗糙ナル蜂房ノ突出セル處ヲ平滑ニシ過多ノ蠟ヲ除キ去

リテ是ヲ完全ナラシム.第三隊ハ間斷ナク蜂房ヲ出入シテ專ラ花

五十六

ヲ精算スルニ後回ノ滿潮ハ前回ノ滿潮ニ後ルヽ、「二十分若シク
ハ二十七分ナリ蓋地球ノ或ル處ガ月ノ直下ニ來ルニハ二十四時
間以上ヲ要スル故ニ、一日ノ中ニテ兩潮ノ相後ルヽ、「概ネ、五十分
ナリ・且潮汐ハ地面上、最モ月ニ近キ處即チ其直下ニ來ル處ニ於テ、
最大ナルハ必然ノ理ナリ・今熱帶地方ノ各處ハ最モ月ニ近キニ由
リ・此處ノ潮汐ハ最大ニシテ兩極ニ近ツクニ從テ漸ク減少ス可シ.
又何レノ處ニテモ、月ハ直ニ海水ヲ引キ得ル者ニアラズ.凡ソ海水
ニハ、惰性アルニ由リ引力ハ是ニ打チ勝チテ運動セシムルニハ三時
間ヲ要ス.故ニ月ノ經過スル後、大略三時ヲ經テ始テ潮汐ヲ生ズル
ナリ.

第十四課　蜂房

引力ト相合シ、一線上ニ相會スルヰハ、潮汐ノ昇ルコ殊ニ大ナル可

シ、大潮ト云フ者即チ是ナリ.又日ト月トノ引力相反スルヰ即チ日

ト月ト地球トノ位置殆ト鼎足ノ形ヲナスヰハ、潮汐ノ降ルコ殊ニ

蕃シ、小潮ト云フ者即チ是ナリ.此大潮ハ一月ニ二回アル者ニシテ、

新月ト滿月トノ時ニアリ.

月若シ一處ニ靜止スルヰハ、是ニ面スル海水ハ其引力ノ爲ニ、常ニ

滿潮ヲ見ルナラヲ.然レヒ、六時間ヲ經レバ地球其軸ヲ回轉シテ圓

周四分ノ一ヲ進ムベシ.故ニ、六時間前ニ滿潮ナリシ處ヨリ、今ハ海

水ヲ引キ去ルノ理ナリ.是ヲ詳ニ言フヰハ、六時間前ニ退潮ナリシ

處ハ、今巳ニ滿潮トナリ.六時間前ニ滿潮ナリシ處ハ、今却テ退潮ト

ナルナリ.

潮汐ハ進ムニモ退クニモ、各六時間ヲ要ス.然レヒ前後滿潮ノ時間

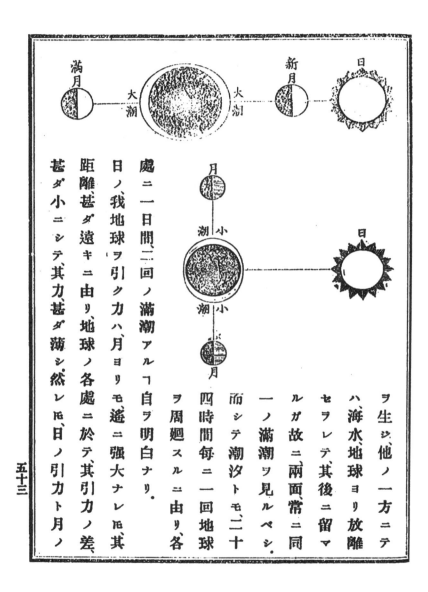

處ニ一日間ニ二回ノ滿潮アル「自ヲ明白ナリ・

日ノ我地球ヲ引ク力ハ月ヨリモ遙ニ強大ナレ圧其

距離甚ダ遠キニ由リ、地球ノ各處ニ於テ其引力ノ差、

甚ダ小ニシテ其力甚ダ薄シ、然レ圧、日ノ引力ト月ノ

ヲ生ジ他ノ一方ニテ

ハ海水地球ヨリ放離

セラレテ、其後ニ留マ

ルガ故ニ兩面常ニ同

一ノ滿潮ヲ見ルベシ・

而シテ潮汐トモ二十

四時間毎ニ一回地球

ヲ周廻スルニ由リ、各

月

満潮

満潮

海水ノ時ヲ定メテ、昇降スルヲ潮汐ト云フ斯ル海水ノ昇降ハ海岸
ニ住ム者ノ能ク知ル所ノ事實ナリ。而シテ六時間毎ニ海水ノ昇ル
ヲ稱シテ滿潮ト云ヒ、六時間毎ニ海水ノ降ルヲ退潮ト云フ。斯ク海
水ノ、日ト月トニ昇降スルハ何ニ由リテ然ルカト云フニ其
原因ハ、日ト月トノ引力ニ歸スルナリ。
引力ハ、各物體互ニ相引クノ力ナルコ吾等ノ已ニ知
ル所ナリ。而シテ月ハ吾地球ニ近キ一ノ物體ナルニ
由リ月ニ面シタル海水ヲ引クノ力殊ニ強シ故ニ此
處ニ滿潮ヲ生ズベシ。然ルニ地球全體モ亦多少月ニ
引カル、物ナレバ其背面ヲシテ大洋ヲ離レ去リ水
ノミハ其處ニ止マリテ前ト同一ナル滿潮ヲ生ゼシ
ム。是ニ由テ、一方ニテハ海水直ニ月ニ引カレテ滿潮

五十二

其死ヲ聞キテ哀悼セザル者ナカリキ.サレバ其遺骸ヲクリーブラ

ンド二葬ル時二ハ,其靈前二花ヲ供スル者幾千ナルヲ知ラズ.其中

二モ,殊二勝レテ見エシハ,一個ノ花冠ヲ柩上二居エタル物ニテ是

レ即チ大英國女帝ヨリ供セシナリ.其側二又一番ヲ揭ゲタリ.其語

二曰ク、

人生ノ競爭二ハ,一步ヲモ讓ラズ.

人生ノ工場二ハ,萬苦ヲモ避ケズ.

人生ノ冠晃ヲバ,イト花ヤカニ戴キシガ,今コソ此二ハ頓住ス

レ.

頓住ハヤス、レ、

第十三課　潮汐

ヲ罷メテ専ラ國會ノ事務ニ力ヲ盡シ、寸隙ヲモ得ルコト能ハザレドモ、

尚舊ノ如ク二講學ヲ怠ルコトナカリキ・一千八百八十年合衆人民ノ

推薦ニ由テ將軍ハ、大統領ト爲リ其ノ明年三月華盛頓府ナル議事堂

ノ壇上ニ於テ、大統領任官ノ演說ヲ爲セリ・其時老母ハ、君ノ背後ニ

テ演說ヲ聽キ居タリシガ、君ハ演說ノ畢ルヤ否ヤ、直ニ老母ノ前ニ

至リ、厚ク舊恩ヲ謝セシガ其親愛ノ情ハ滿堂ノ人ヲシテ感嘆セシ

メタリキ・

ガーフイルド、大統領ト爲リテ後四箇月ヲ經テ其夫人ニ會センガ

爲ニ、ロングブレンチ(Long Branch)ニ行カントテ華盛頓ノ停車場ニ至

ル時ニ、チヤールス、ジェー、ギットー(Charles J. Guiteau)ト云ヘル者短銃ヲ

以テ、二回マデ狙擊セシカバ、重傷ヲ負ヒテ醫スベキヤウモナク遂

ニ其年ノ九月ニ逝去セリ・生前ニ君ヲ知ルト知ヲザルトヲ間ハズ、

五十

ガーフイルド、今ハ、學識ニ富ミタレドモ、猶衣服、書籍ニ乏シクシテ、俯

四百五十弗ノ負債アリ、時ニ、ヒラム講習所ニ於テ、羅何希臘ノ語學

教師ニ欠員アリシカバ、ガーフイルドハ、聘セヲレテ、其職ニ就キ、

艱難ニ子弟ヲ誘掖セリ．サレバ其明年、齢纔ニ二十六歳ニシテ、遂ニ

其所長ト爲レリ、其後南北戦争ノ起リシ時ニ、ヒラム講習所ノ生徒

ハ、力ヲ奮ヒテ一小隊ヲ編制セシニ其他ノ有志者モ、是ニ加ハリシ

カバ遂ニ一聯隊ト爲レリ、此時ニ、ガーフイルドハ其所長ヲ辭シテ、

義兵一聯隊ノ指令官ニ任シ、戰フ毎ニ勝ヲ得タレバ將官ノ職ニ昇

進セリ．

南北戦争ノ猶未ダ終ラザルニ際シ、ガーフイルド將軍ハ其郷里ナ

ル、オハヨー州ノ國會議員ニ選擧セヲレ、時ノ大統領リンコルン

(Lincoln) 氏モ切ニ是ヲ請ヒシカバ、ガーフイルド將軍ハ、是ヨリ武官

四十九

ヒラム (Hiram) ノ電信術講習所ニ轉學セリ 初ハ其門衛トナリシガ、

後ニハ助教授ニ進ミタリ 是ヨリ專ラ羅甸語希臘語ヲ學ビテ、遂ニ

是ヲ卒業シタリ.

ガーフイルドハ電信術講習所ノ課程ニ從ヒテ殆ド其業ヲ卒ヘタ

ルニ由リ更ニ進ミテ、大學ニ入ラント欲ス. 然ルニ先ニ助教授ト爲

リシ以來已ニ酬勞金ノ中ノ幾分ヲ貯ヘタリト雖モ猶足ルベクモ

アラズ 幸ニ保險證書ヲ抵當トシテ、金ヲ貸ス者アリシカバ ガーフ

イルドハ其生命ヲ保險シ若干ノ資金ヲ借リ得テ新英倫ニ行キ終

ニヰルリアムス (Williams) 大學ニ入校セリ 時ニ大學ノ總理ドクト

ル、ホプキンス (Doctor, Hopkins) モ、亦 ガーフイルド ノ篤志ニ感シ、補助

費トシテ學資ヲ與ヘタリ 是ニ由テ、ガーフイルドハ、益苦學シテ、

遂ニ二年ニシテ、大學ノ學科ヲ卒業セリ.

四十八

ル程ニ學業大ニ進ミ、齡モ、今ハ二十歳トナリシカバ、中學ヲ去リテ、

ニ衣服飲食ヲ辨シ、又ハ負債ヲモ償ヒタリキ。斯クシテ、數年ヲ經タ

ヲ取リ、冬期ノ休暇ニハ村落學校ノ助教ト爲リテ、酬勞金ヲ得テ僅

工作ノ業ヲ執リ、夏期ノ休暇ニハ、農家ニ雇ハレ耕作シテ聊ノ賃銀

ガーフイルドハ、中學ニ通學スルノ餘暇ニ、或ハ木工ノ家ニ行キテ

薄ノ者ノミナリキ。

矮屋ノ一間ヲ借リテ、飲食ノ事ヲモ、自ヲ營ミ、什器臥床等ハ極テ粗

リ、貧困ニシテ、寄宿舍ニ寓スベキ料ニ乏シケレバ、其校ノ近傍ニテ、

ニ入リシガ、其中學校ハ家ヨリ、十四里隔レリ、ガーフイルドハ、固ヨ

リ、サレバ、ガーフイルドハ、二三ノ友人ヲ伴ヒテ、家ヲ辭シテ中學校

謁セシカバ、母ハ、大ニ喜ヒテ、學問ノ料ニトテ、十七弗ノ金ヲ與ヘタ

炎ニ、ガーフイルドハ、斷然、水師ヲ望ミシ念ヲ絶チ、家ニ歸リテ、母ニ

四十七

（Cleveland）ニ至レリ・ガーフイルドハ初ハ帆船ニ乗リテ其業ヲ執ン

ト思ヒシカ圧是ヲ果サズシテ、遂ニ運河ヲ往來スル短艇ノ水夫ト

爲リシガ其究困セル有樣ハ譬フベキヤウモナク、辛ウジテ生命ヲ

保チタリ其上十四回マデモ水ニ溺ル、コアリシカバ、人々ハ皆死

人再生ノ思ヲナシニケル・最後ノ危難ニハ、自ヲ心ニ深ク感悟シ

テ思ヘラク我レ是マデ吾身ヲ危ブメ、生命ヲ失ハントセシコ幾回

ゾヤ・然ルニ天常ニ其危難ヲ免カレシメシハ、天モ意アリテノ事ナ

ラン・思フニ他日國家ノ爲ニ、身ヲ致サセントテ、斯ク我ヲ助ケ給へ

ルナルベシ・斯ル貴キ生命ヲ短艇ノ業ニ委ネンハ、ヨシナキ事ナリ

遂ニ家ニ歸リテ、教育ヲ受ケ、一個ノ丈夫ト爲ル可キナリト

第十二課 哲學ノ結果 二

二木工ドモノ助トナリテ働キタルヲ彼木工ドモハガーフイルド

ノ工事ニ巧ミナルヲ見テ、大ニ感稱セリ.ガーフイルドモ亦自ヲ思

ヘルニハ斯ル業ヲ營ミタランニハ母ヲ養ハレモ難カラシトテ、

是ヨリ寸隙ダニアレバ建築ノ業ニ從事シテ遂ニハ人ノ爲ニ數個

ノ穀倉ヲサヘ建築シケリ.

其後ガーフイルドハ商舗ニ傭ハレ或ハ賣手ト爲リ或ハ書手ト爲

リテ毎月十四弗ノ給金ヲ得タリ.或ル時一書ヲ讀ミテ頻ニ水師ノ

業ヲ取ラントノ念ヲ生シケレバ、ヤガテ商舗ヲ辭シテ家ニ歸リ母

ニ其事ヲ語リケルニ、母ハ固ヨリガーフイルドヲ學者ニセント思

ヒテ、聽カザリシヲガーフイルドハ幾度トナク強ヒテ請ヒケレバ、

母モ今ハ心折レテ、遂ニ許シタリキ.サレバガーフイルドハ雀躍

シテ喜ビヤガテ旅ノ装束シテ數錢ヲ腰ニ着ケ、クリーヴランド

四十五

畊圃ニ木柵ヲ造ルヲ業トシタリ．然レド、一家ノ困究ハ殊ニ甚シク

テ、餓死セントセシコトモ屢々ナリキ．

ガーフィルド四歳ニ至ルマデ常ニ靴ヲハキタルコト無キヲ兄ノト

ーマスハ是ヲ憫ミ、人ノ田ヲ小作シテ其賃銀ニテ靴ヲ買ヒテガー

フィルドニ與ヘタリ．サテ、ドーマス成長ノ後、稍々資産ヲ得タレバ其

妹トガーフィルドトヲ小學校ニ入レタリ．母ハ又其小學校ノ遠ク

隔リタレバトテ地所數反步ヲ寄附シテ小學校ノ敷地トシタルヲ、

村人ドモ打寄リ評議シテ、一ノ小學校ヲ其地所ニ建テタリ．是ヨリ、

ガーフィルドノ學業、大ニ進ミ他ノ生徒ヨリハ常ニ數等ヲ越エタ

リ．トゾ．ドーマス、二十一ノ時ニ荒地ヲ開墾シテ思ヒモ寄ラズ、金七

十五弗ヲ得タリシカバ母ノ住居ニセントテ兄弟力ヲ戮セテ新ニ

木造ノ家ヲ建テタリ．此時ガーフィルドハ已ニ二十二歳ナリシガ、大

ル可ヲズ即チ力ト重ト恰モ其臂ノ長短ニ反比例ヲナスト云ヘ

ル事是ナリ.故ニ第三種ノ槓杆ハ、少シモ力ニ於テ得ル所ナクシテ、

時ニ於テ得ル所アリ何トナレハ力臂ノ短キニ從テ力ノ働ク「些

少ナレ旺運動ハ、却テ速ナレハナリ即チ前ニ示シタル吾等ノ前臂

ハ第三種ノ槓杆ナルニ由リ速ニ腕ヲ上グル「ヲ得ル如キ是ナリ.

第十一課　苦學ノ結果　一

亞米利加合衆國ノ大統領タリシ　ガーフイルド (Garfield) ハ名ヲゼー

ムス.アブラム (James Abram) ト云フ.オハヨー (Ohio) 州オレンジ (Orange)

村ナル貧シキ農家ノ子ナリ父ハガーフイルドガ二歳ノ時ニ歿セ

シカバ母ト子供トノミニテ大ニ活計ニ苦メリ兄ノトーマス (Thom-

圀)ハ其時ニ纔ニ二十歳ナリシカ旺、能ク耕耘ノ業ヲ勸メ,母ハ田圃ノ

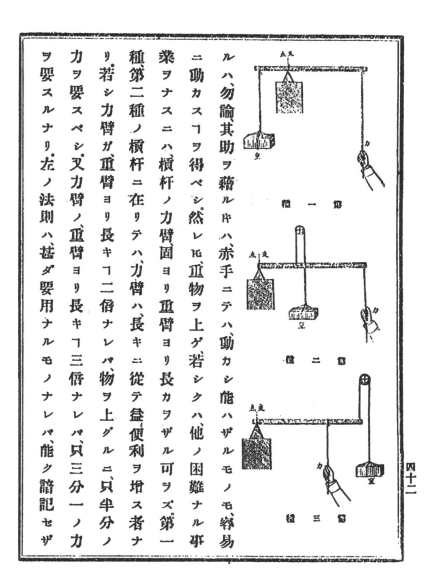

ルハ勿論其助ヲ藉ルハ赤手ニテハ動カシ能ハザルモノモ容易

ニ動カスコヲ得ベシ然レビ重物ヲ上ゲ若シクハ他ノ困難ナル事

業ヲナスニハ槓杆ノ力臂固ヨリ重臂ヨリ長カラザル可ラズ第一

種第二種ノ槓杆ニ在リテハ力臂ハ長キニ從テ盆便利ヲ增ス者ナ

リ若シ力臂ガ重臂ヨリ長キコ二倍ナレバ物ヲ上グルニ只半分ノ

カヲ要スベシ又力臂ノ重臂ヨリ長キコ三倍ナレバ只三分一ノ力

ヲ要スルナリ左ノ法則ハ甚ダ要用ナルモノナレバ能ク諳記セザ

四十二

點ナリ.而シテ絲ヲ着ケタル所ハ支點ナルコトヲ知ルベシ.

槓杆ハ英語ニテ Lever ト云フ.元來佛蘭西語ノ上グルト云フ意義ヲ

含有スル字ナリ.何トナレバ槓杆ハ大目的トスル所ハ物ヲ上グル

ニアレバナリ.而シテ槓杆ニハ通例三種ノ區別アリ此槓杆ノ三種

類ハ支點重點力點ノ位置相互ニ異ナルニ由テ區別セシナリ.

第一種ノ槓杆ハ支點常ニ力點ト重點トノ間ニアリ.天秤ハ其一例

ナリ.第二種ノ槓杆ハ重點常ニ力點ト支點トノ間ニアリ.菓ヲ切ル

機械ハ其一例ナリ.又第三種ノ槓杆ハ力點常ニ重點ト支點トノ間

ニアリ.鑷子ハ一ノ好適例ナリ.因テ今左ノ圖ヲ揭ゲテ槓杆ノ種類

ヲ示ス可シ.

吾等ノ體中ニモ槓杆ノ存スルハ人ノ知ル所ナリ.吾等ノ前臂ハ第

三種ノ槓杆ニテ肱ハ其支點ナリ.槓杆ハ吾等ニ取リテ有用ノ物ナ

四十一

詳知シテ然シテ後槓杆ノ例ヲ探求スルコ殊ニ肝要ナリトス因テ

今一二普通ノ槓杆ヲ解説ス可シ.

火箸ハ槓杆ノ一種ナリ即チ拇指ト食指トエテ夾ミ居ル所ハ支點

ニシテ收ル所ノ炭ハ重量ナリ而シテ指頭ハ力點ナリ釘拔モ亦一

種ノ槓杆ニシテ其目釘ハ支點トナリ手ハ力點トナリ其力ニ抵抗

スル釘ハ重點トナルナリ其他鉗子、木鋏等モ槓杆ノ一種ナリ.

櫓ヲ以テ船ヲ漕グヤハ其支點何處ニアルゾ或ハ櫓臍ヲ支點ナリ

ト思フ者アルベシト雖モ是レ固ヨリ支點ニアラザルナリ盖櫓臍

ハ船ヲ動カス所ナルニ由リ其實ハ重點ナリ而シテ櫓ノ尖頭ノ水

中ニ沈ム所ハ其支點ニシテ櫓ノ柄ヲ握ル手ハ即チ力點ニ外ナラ

ズ又天秤モ一方ニ秤ルベキ物ヲ下ゲ、一方ニ是ト平均スベキ分銅

ヲ下ゲ其間ニ是ヲ用ルベキ絲アリ.故ニ物ハ重量ニシテ分銅ハ力

槓杆ノ最モ簡單ナル形ハ、木金等ノ棒ニシテ其一點ニテ自在ニ運

動スルモノナリ此點ヲ即チ支點ト名ヅク又槓杆ニテ上グベキ荷

又ハ爲スベキ仕事ヲ重量ト云フハ甚ダ便利ノ事ナリトス但シ此

重量ト云フ語ハ平生用フル所ノ意義ト相同ジカラザルノ理ヲ

ヲザル可ヲ以例ヘバ鋏ニテ紙ヲ剪ル時ニ紙ノ鋏ニ抵抗スル力ヲ

重量ト稱スルガ如シ又槓杆ヲ使フニ用フル力ハ其何タルヲ問ハ

ズシテ是ヲ働力ト云フ働力ト重量トノ二語ハ槓杆ノ事ヲ解説ス

ルニハ必ズ闕ク可ヲザルモノニシテ常ニ相

反シタル性質ノモノナリ.

槓杆ニハ二個ノ臂アリ上圖支點ノ兩部即チ

是ナリ而シテ其一方ハ重量是ヲ壓シ他ノ一

方ハ働力是ヲ壓スルナリ斯ク槓杆ノ諸部ヲ

三十九

テ平ナラズ北部ノ最モ高シ此ニ登レバ、チヤールス(Charles)河及其近

傍ヲ悉ク掌中ニ在ルガ如シ公園ノ西ニ公立ノ植物園アリ是レ亦頗

ル美麗ヲ極メタリ．

堡塞等盛墩、トリア等ヲ云フ．

不虞　思ヒモヨラヌ敵ノ、攻メ入ルヲ云フ．

第十課　槓杆

吾等ハ屢槓杆ヲ見ルコトアルモ其名ヲ知ラザルコトナキニアラズ．ソ

レ槓杆ノ形ハ種々アリテ或ハ石屋ノ鐡槌トナリ或ハ大工ノ釘抜

トナリ船頭ハ是ヲ船ヲ漕グニ用ヒ裁縫匠ハ、衣ヲ裁ツニ用ヒ馬丁

ハ秣ヲ切ルニ用フ凡ソ槓杆ノ助ナクバ火箸ヲ以テ炭ヲ夾ムコト能

ハズ又戸ヲ開閉スルコト能ハザル可シ彼天秤棒モ亦一種ノ槓杆ニ

外ナラズ．

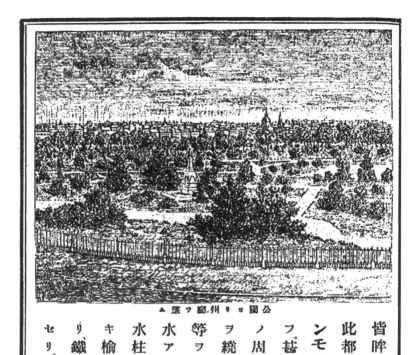

公園ヨリ州總ヲ望ム

皆眸中ニ入リ景色絶勝ナリ。」

此都府ニ有名ノ公園アリ、コ
ンモンパーク(Common park)ト云
フ、甚ダ宏壯美麗ニシテ、公園
ノ周圍ニハ、一英里餘ノ牆柵
ヲ繞ラシ中ニハ遊步塲花壇
等ヲ設ケ中央ニ池アリ又噴
水アリ、常ニ高サ六七丈許ノ
水柱ヲ噴出セリ此池邊ニ古
キ楡樹アリ、百年以外ノ物ナ
リ、鐵柵ヲ繞ラシテ是ヲ保護
セリ園內ノ地形ハ高低アリ

三十七

學ナリ其創建ハ千六百三十八年ニシテ今ヲ距ルコ殆ド二百五十

年ナリ此大學ニハ群籍館理化學實驗場博物室植物園等アリテ攻

學ノ其備ハラザル者ナシ其學生ハ常ニ二千百人內外ナリト云フ此

大學アルガ爲ニ米國ノ文人學士ハ多クケンブリッヂニ住居セリ・

此府內ニハ名高キ建築物尠カラズ・ファニユイル(Faneuil)堂ハ、豪商

ファニユイル(Faneuil)氏ノ寄附金ニ因テ建築シタルモノニテ米國人

ノ最モ貴重スル會堂ナリ・亞米利加革命ノ亂ニ當リ、其首唱者ハ此堂

ニ於テ演說ヲ爲シ、人民ト協議セシ事アリ・爾來本國又ハ本州ノ大

家絕エズ此堂ニ演說ヲ開クコトナレリ・堂內ニハ寄附人ファニユ

イル氏及ウエブストル(Webster)氏、リンコルン(Lincoln)氏等ノ肖像

ヲ藏セリ・州廳ハ初メ十三萬弗ヲ費シテ築造シ、後ニ又二十四萬弗

ヲ費シテ增築シタリ・其圓頂閣ニ登レバ本府港中及外坊ノ諸邑等、

此都府ヲ三部ニ分チタリ、波士敦本部、東波士敦、南波士敦、即チ是
ナリ.

マッサチュセッツ港ハ、波士敦港トモ云ヘリ、此港ハ、二個ノ半島ト許多
ノ島々トニ因リテ、大洋ト離隔シ、其面積、七十方哩ノ大港ニシテ波
士敦府ノ商業上ニ便利ヲ與フル「少カラズ、此港ニハ、三個ノ海路
アリテ、船舶ノ出入、大ニ便ナリ、港内ノ水甚ダ深キニ由リ、最大ノ船
舶ト雖モ、能ク碇泊スルヲ得ベシ、又其近傍ノ諸島ニ、堡塞ヲ築キテ
不虞ニ備ヘタリ.

此都府ハ普通教育全備シテ、中小學校ノ旺盛ナル「米國第一ニ位
セリ、波士敦大學、工業學校、高等女學校等ノ隆盛ナル「亦米國中其
右ニ出ヅル者少シ、且此都府ニ接スルケンブリッヂ(Cambridge)ニハ、有
名ナルハーヴァード(Harvard)大學アリテ、米國ニ於テハ、最舊最盛ノ大

三十五

取リタル各片ヲ水ニ浸シ、而シテ後烈火ニ掛ケテ外部ノ柔キ部分ヲ燒キ棄テ更ニ是ヲ壓搾シテ扁平トナシ鋭刀ヲ用ヒテ所要ノ形狀ニ斷チ切ルナリ.

斯ク實用ニ要スベキコルクハ概ネ、壜ノ栓ニ用フルヲ常トス.又コルクヲ用ヒテ、衣服ノ如キ者ヲ製スルコトアリ此コルク衣トモ云フベキ物ハ、是ヲ着スレバ、水ニ浮泛スルノ力ヲ助クルニ由リ、大洋ヲ航スル船舶ニハ概ネ是ヲ備ヘザルモノナシ.

## 第九課　波士敦

波士敦(Boston)ハ、北亞米利加合衆國、マッサチュセッツ(Massachusetts)州ノ都府ニシテ合衆國第五ノ都會ナリ.マッサチュセッツ港ノ海面ニ突出シタル地ト所々ニ散在セル島嶼トヲ合ハセテ此都府ヲ成セリ而シ

コルクノ樹皮ヲ剝グ圖

實用ニ供ヘントスルニ
ハ、自然ノ剝落ニ委ネズシ
テ、一二年前ニ剝ギ取ルヲ
常トス。

此樹皮ヲ實用ニ供ヘント
スルトキハ五六年每ニ剝ギ
取ルナリ。是ヲ剝ギ取ルニ
ハ兩方ニ柄ノアル曲リタ
ル刃物ヲ用フ。故ニ此刃物
ニテ剝ギ取リタル皮ハ、猶
其樹皮ノ自然ノ形ヲ存シ
テ彎曲スルナリ。斯ク切リ

三十三

## 第八課　コルクノ話

コルク（Cork）ハ、一種ノ檞ノ樹皮ヨリ製スル者ナリ.此木ハ西班牙ニ
多ク生シ、高サハ通例二丈以上ナリ.葉ハ楕圓形ニシテ、常磐木ナリ.
果實ハ檞實ニ類シ其味胡桃ニ似タリ.殊ニ奇異ナルハ其樹皮ニシ
テ毎七八年ニ必ズ自ヲ剝落スルヲ常トス.

此木ノ稚キトキハ其樹皮海綿ニ類シテ細孔多シ.故ニ實用ニハ供ヘ
難シ.是ヲコルクニ製シテ實用ニ供フルニハ、三十年ノ後ナラザル
ベカラズ.且尋常ノ木ハ其樹皮ヲ剝グトキハ必ズ枯槁スト雖モ、此木
ノミハ其樹皮ヲ剝グモ更ニ是ヲ害セズシテ、却テ其生育ヲ助クル
者ナリ.且此樹皮ハ、人ノ是ヲ剝グコトナキモ、自然ニ剝落スル者ナレ

三十二

今、足利時代ニ行ハレタル風俗禮式ノ梗概ヲ述ベンニ、初メ尊氏覇

業既ニ成リテヨリ、威權ヲ頁ヒテ朝廷ヲ凌蔑シ、搢紳ヲ愚弄シケル

ニ由リ、搢紳ノ卑ハ是マデ賤ミシ、鎌倉風ヲ摸シ、俄ニ坂東聲ヲ學ビ

テ其侮辱ヲ避クルニ至リ、風俗、大ニ一變セリ。且義滿ノ時ニ定メシ

武家禮式ノ如キハ當時搢紳外ノ人ノ遵守スルノミナラズ德川幕

府ニ至リテモ多ク是ニ依レリ。藍搢紳ト武家トハ衣服、家屋、其製

殊ニスレバ勢是ガ爲ニ別ニ制ヲ立テ得ザルナリ。其中ニ書

札ノ式ハ、鎌倉ノ時ニ已ニ是ヲ定メシガ足利氏ノ時ニハ、殿ノ字ノ

繁雜省雜ヲ以テ貴賤ヲ分チ、假名ニテとのト書クヲ以テ最下トス。

又附邇ニハ刀ヲ以テ最上トシタリシガ、高官ノ人ハ折紙ニ錢數ノ

ミヲ記シテ其錢ヲ交付セザル者モ多カリキ。

薩摩堂 薩摩ヲ焚ク堂ナリ。ヒツ

懺法堂 懺法ト云フモノヲ唱ヘテ 懺悔ノ法ヲ行フ堂ナリ。

皆是レ路上ニ用フル者ナリ又貴婦人ハ別ニ衣ヲ蒙リテ面ヲ掩ヒ、

是ヲカヅキト云ヒ賤婦人ハ白布ノ類ヲ以テ頭上ヲ覆ヒ是ヲ冠帶

ト云ヘリ又工商ノ如キモ多クハ頭ヲ露ハサズシテ烏帽子ヲ戴ケ

リ衣服ノ爲ニ大ニ便益ヲ與ヘタル者ハ草綿ナリ是ヨリ先キ我邦

ニテハ葛楮ノ類ノミヲ用ヒシガ草綿ノ種ヲ外國ヨリ得テヨリ上

下皆是ヲ用フ然レ𪜈其初ハ未ダ紡織ノ法ヲ知ラズシテ是ヲ珍ト

スル「綿綾ノ如クナリシト云フ．

飲食モ鎬寧支那風ヲ慕フニ由リ支那製ノ物ヲ貴ベリ豆腐饅頭羊

羹ハ鎌倉時代ニ其法ヲ傳ヘタル者ナレド此時大ニ是ヲ喜ビ已ニ

田樂ノ制アリ總テ割烹ノ法モ大ニ精シクナリケレバ四條流大草

流等ノ數派アリテ宴會ノ時庖人其席ニ出デ、俎上ニテ魚鳥ヲ切

リ容人ノ覽ニ供スルコトアリ．

足利氏ニテハ禮宗ヲ貴ビ支那ノ風ヲ喜ビケレバ家屋ノ製モ是ニ
從ヒテ大ニ變シ始テ玄關アリ書院アリ座敷ノ上座ニ床アリ床ニ
佛畫ヲ懸ケ又三具足ト稱シテ香爐花瓶燈燭ヲ排列シタルナド皆
寺院ノ風ニ依リタル者ナリ義滿ノ金閣ヲ建テ護摩堂懺法堂浴利
殿アリテ頗ル壯麗ヲ極メ人西方極樂ノ想ヲ作シ、ト云フモ亦支
那風ヲ摸セルナラン。

衣服ハ極テ華美ナル者アリテ、カタミガハリト稱シテ、半身異色ノ
衣服ヲ着クル者アリ錦ノ肩衣ヲ以テ禮服トセシ事アリ又路上ニ
ハ胴服ヲ用フ胴服ハ袖ナシバヲリノ如キ者ニテ而モ背後ノ末ヲ
裂キテ乘馬ニ便ナラシメタル者ナリ又股ハキアリ脚絆アリ股ハ
キハ、今ノ半股引ナリ。股ハキト脚絆トヲ連ネタル者ヲ泣附ト云フ。

二十九

ノ柳モ此時ニ起レリ

繪畫ニハ可織、珈溯湖迯潯洲アリテ北宗ノ法ヲ傳ヘ、一時ヲ風靡セ

シガ、土佐氏ハ累世、日本畫ヲ普クシ、光信ニ至リ、大ニ前人ニ軼ギ、是

ヲ狩野元信ニ傳ヘ、元信漢畫ノ法ヲ雜ヘテ是ヲ出ダシ、畫風又變ズ、

又猿樂アリ、茶湯アリ、香道アリ、挿花アリ、並ニ義政ノ時ヲ以テ盛ナ

リトス、當時ノ宴會ニハ必ズ猿樂ヲ演シ、座上ノ人爭ヒテ是ニ許多

ノ纒頭ヲ賜フヲ以テ例トセリ、足利氏ノ初ノ茶湯ハ沐茶非茶ト云

ヒテ、栂尾ノ茶ナリヤ否ヤヲ論シ、財物ヲ賭シ、輸贏ヲ決スル事ナリ

シガ、義政ノ時ニ至リ僧珠光ガ臺子ノ式ヲ定メテヨリ盛ニ名畫古

器ヲ陳列シテ、益高尚ノ域ニ進メリ、

臺子ハ茶器ヲ飾リ俗ノ棚ナリ。

二十八

ケル、大坪道禪八條房繁ガ馭術ニ於ケル皆新ニ發明スル所アリテ、

後世其技ヲ言フ者皆是ヲ以テ師表トセザルハナク不遑ノ輩、支那

ヲ侵シ毎ニ雙刀ヲ揮ヒ勝ヲ得シガ其法ハ遂ニ支那ニ傳レリ．

武術ノ盛ナルニ從ヒ、武器ノ工ニモ有名ナル人多シ．刀工ニハ、岡崎

正宗アリ、鞍工ニハ、大坪道禪アリ、兜及鐔ヲ造ルニ、明珍信家アリ．又

後藤祐乘ハ、金器ノ彫刻ニ妙ナリケレバ、人其彫ル所ノ刀ノ目貫、小

柄笄ヲ以テ至寶トス．當時ノ貿易ニ支那人爭ヒテ購ヒシ者ハ、日本

刀ニテ、日本刀ノ光燄遠ク海外ニ輝ケリ．且義政ノ奢侈ヲ極メシニ

由リ、工緻ニ至リシ者モ、亦多シ．蒔繪鑄物ノ如キハ、東山時代物ト稱

シテ、後世、大ニ是ヲ珍藏セリ．而シテ金銀鑒嵌及蒔繪ノ法ハ、支那ニ

傳ハリ、支那人是ヲ倭銅、倭漆ト稱シテ貴重セリ．農器ノ精良ナルハ、

河内ノ本座アリ．七條ノ大工宗刷ハ天下一ノ稱ヲ許サレ、諸國番匠

二十七

二ニ集マリテ、大ニ繁盛ノ地ト為リ、日本全國モ、是ガ為ニ、益ヲ獲ルコ

少カラズ、然ルニ此時商人ノ、大ニ困難ヲ極メシ者ハ酒屋ト土倉ト

ナリ、酒屋ハ、酒ヲ沽ル者ニシテ、土倉ハ、質屋ナリ、義政ノ時ニハ三箇

月ノ間ニ十七箇度、土倉ニ税ヲ課セシコアルノミナラズ、在職ノ間ニ、

十三箇度、德政ヲ行ヘリ、德政トハ公私ノ負債ヲ蠲除スル事ニテ、富

豪ノ迷惑一方ナラズ、故ニ當時ノ貸借証文ニハ、必ズ德政ニモ約ヲ

變セザルベシト云フ文ヲ揭ゲタリ、而シテ無賴ノ徒ハ、動モスレバ、

德政ヲ以テ口實トシ、螺ヲ吹キ鑼ヲ鳴ラシ、富豪ノ家ヲ毀チ、財物ヲ

強奪シケレバ、土倉ノ類ハ、多ク破產スルニ至レリ、

喪亂ノ甚シキ文學ハ、大ニ衰ヘテ終ニ僧徒ノ手ニ落チタレド、技術ノ

ハ則チ大ニ進步セシ者アリテ、殊ニ戰爭ノ爲ニ與リタル者モ少カ

ラズ、飯篠家直、辻泉信綱ガ刀槍ノ技ニ於ケル、日置正次ガ射術ニ於

二十六

既ニ然リ、故ニ帝室ハ式微ヲ極メ、搢紳ハ領地ヲ武士ニ蠶食セラレ

テ、四方ニ流寓シ、上下安堵スル者ナカリシナリ。

正閏ハ正シキ帝位ト然ラザル帝位トヲ云フ。

### 第六課　足利時代ノ概説　二

當時農民ハ、戰爭ニ驅役セラレ、田稻ヲ刈ラレ、非法ノ稅ヲ課セラレ

ケレバ、皆其ノ生ヲ安ンズル「能ハズシテ、東西ニ離散シ、所在ノ田疇

荒蕪セリ。故ニ、巳ムヲ得ズ犂鋤ヲ抛チテ千戈ヲ執リ、土一揆ト稱

シデ兵ヲ起ス者間、コレアリ。又蒙古來寇ノ事アリテヨリ貿易ノ爲

ニ支那ニ往來スル商舶ハアリト雖モ、官船ノ通ズル事ハ久シク絶

エタルヲ、義滿ノ時ニ明ノ勘合符ヲ得テヨリ、支那ノ貿易盛ニ行ハ

ル。而シテ和泉ノ堺浦ハ其ノ出入ノ港ナルニ由リ、諸國ノ商人多ク此

足利幕府ニハ管領アリ、斯波、細川、畠山ノ三氏迭ニ是ニ補セラレテ、
管領ト稱シ、庶政ヲ統領シ、侍所ノ頭人ハ、赤松、一色、山名、京極ノ四氏、
是ニ補セラレ、是ヲ四職ト稱シテ、幕府ヲ弩衞シ、罪人ヲ檢斷スル等
ノ事ヲ掌ル、又諸國ニ守護アリ、牧民ヲ司リ、小ナル者ハ、一國或ハ半
國ヲ領シ、大ナル者ハ二三箇國ニ至リ、其極テ大ナル者ハ、十一箇國
ノ守護ト爲リ、其地、日本全國六分ノ一ニ居ル者アリ、而シテ守護ハ、
皆世襲ニシテ、其勳功等ニ由テ是ニ與フルナリ、初メ尊氏、自ヲ其事
ノ人心ニ背クヲ知リ、務テ人心ヲ得ント欲シ、人ニ任シテ疑ハズ、金
帛ヲ視ルコ土石ノ如ク、大ニ地ヲ割キテ將士ニ與ヘシカバ、終ニ尾
大ニシテ掉ハレザルノ域ニ陷リタリ、蓋足利氏ノ末運ニハ松永氏
ハ、三好氏ノ臣ニシテ、三好ヨリ大ニ、三好ハ細川氏ノ臣ニシテ、細川
ヨリ大ニ、細川ハ足利氏ノ臣ニシテ、足利ヨリ大ナリ、足利氏ニシテ

大逆無道ノ事ニシテ天下ノ人心服セザレバ、光明天皇ヲ擁立シ、自
ヲ京都ニ居リテ輔翼シ、兩統相爭フ者ノ如クセリ。是ニ於テ我國始
テ二帝並立ノ事アリテ是ヲ南朝北朝ト云フ。尊氏ノ孫義滿ニ至リ、
終ニ正閏ノ爭スベカラザルヲ覺リ和睦ヲ南朝ニ請ヒシカバ後
龜山天皇ハ三種ノ神器ヲ以テ北朝ノ後小松天皇ニ授ケ給ヒ南北、
始テ混一シテ寶祚無窮ノ基ヲ鞏メタリ。然ルニ足利氏ノ世ハ治少
ク、亂多ク、中ニ就テ、應仁ノ亂ニハ、山名持豐、細川勝元、京師ニ相爭ヒ、
諸國ノ大名互ニ黨ヲ分チテ是ヲ援ケ十餘年ノ間戰鬪止ム時ナク、
實ニ我國未曾有ノ亂世ニシテ、義政在職ノ時タリ。足利氏ノ政令ハ、
始ヨリ能クモ行ハレザリシガ、是ヨリ盆其令ヲ奉ズル者少ク、義昭
ノ時ニ終ニ滅亡セリ。尊氏ヨリ是ニ至リ政ヲ執ル「十五世ニシテ、
凡テ二百三十八年ナリ。

二十三

サテ、中吉ハ庄右衛門ノ住所ヲ指シテ、發程シケルガ程ナク是ヲ大

坂ヘ伴ヒ來リテ此處ニ居住セシメタリ・然ルニ庄右衛門ハ次第ニ、

昔時取リタル業務ノ手練ヲ回復セシカバ彼米商モ、大ニ是ヲ愛セ

シニ由リ庄右衛門モ、遂ニ其米商ト協同シテ商賣ヲナシ再ビ多少

ノ財貨ヲ殖スルニ至レリ・

此二人ハ、中吉ガ兩人ノ爲ニ盡シタル功勞ヲ不朽ノ記念ニ存セン

トテ、方形ノ中ニ中吉ノ名ノ一字ヲ記シ囲ヲ以テ其商店ノ記章ト

シタリ・其記章ハ今日、尚大坂ノ商店ニテ用フル者アリト云フ・中吉

ハ庄右衛門ノ長女ヲ娶リテ、庄兵衞ト改名シタリシゾ・

第五課　足利時代ノ概説　一

足利尊氏府ヲ鎌倉ニ開キ、自ヲ征夷將軍ト爲リ朝廷ニ反キケレド、

二十二

配人タリシ二人ノ者ニ逢ヒシガ此二人ハ、今、盛ニ商業ヲ營ミ居タ

リ.サレ匡、庄右衞門ヨリ竊ミテ貸殖シタルガ故ニ其窮困ヲ救ハン

ト欲スル心ナカリキ.因テ中吉ハ此徒ヨリ助力ヲ得ベキノ目途ヲ

失ヒ、其府下ノ堂島ト云ヘル處ヲ徘徊シ按摩ニテ金ヲ得ナガラ生

涯ノ大目的ヲ仕遂ゲン事ニ助力スベキ人ニ遇ハント望ミ居タリ.

已ニシテ近隣ノ米商某其怜悧ナルヲ知リテ是ヲ雇ヒ入ルヽニ至

レリ.

中吉ハ是ニ奉公セシ後其一身ノ履歷ヲ述ベテ已ノ計畫スル所ヲ

具ニ陳告シタリ.商人ハ其意ヲ嘉賞シ、且庄右衞門ハ多年米商ノ業

ヲ實驗シタル者ナレバ其業務ヲ取ラシムルニハ、大ニ適當スベシ

ト思ヒ、直ニ中吉ノ所願ヲ容レテ、庄右衞門ヲ大坂ニ迎フルコニ同

意セリ.

二十一

テ小子ノ歸リ來ルマデ君自ラ生計ヲ維持セヲレヨト・

庄右衛門是ヲ辭シテ曰ク汝ハ今旅行スルニ當リテ此金ヲ要スベ

キガ故ニ是ヲ持チ行ク可シト・中吉曰ク否小子ハ習ヒ覺エシ按摩

ノ業コソ旅中一身ヲ支フベキ資本ナレトテ直ニ主人ヲ辭シ去リ

タリ・

中吉先ヅ郷里ニ歸リテ或ル寺ニ詣デタリシガ其寺ノ本尊ハ子育

觀音ナリ・ヤガテ是ニ向ヒテ庄右衛門ヲシテ昔時ノ盛隆ナリシ有

樣ニ回復セシメンコヲ祈願セリ此時左ノ和歌ヲ書シテ寺中ノ人

目ニ觸レ易キ場所ニ貼附セシガ其歌ニ云ク、

世にでずばまたとハ越さじ我がための

　　いのちありける佐夜の中山・

斯クテ中吉ハ佐夜ノ中山ヲ去リテ大坂ニ行キ先ニ庄右衛門ノ支

食ヒテ、病人ニハ極テ滋養
多キ物ヲ供シ其注意至ラ
ザル所ナカリシカバ、是ガ
爲ニ、庄右衞門ノ病勢次第
ニ薄ヲギ再ビ步行シ得ル
ニ至レリ、中吉是ヲ見テ、一
日、其財嚢ヨリ金五兩ヲ出
ダシ是ヲ庄右衞門ニ與ヘ
テ云ヘルヤウ、小子、他ニ行
キテ、計盡セント欲スル事
アルガ故ニ、暫時暇ヲ賜ハ
ランコトヲ請フ、此五兩ヲ以

中吉、主翁ノ病ヲ看護ス

十九

第四課　殊勝ナル小童ノ成長シテ殊勝ナル人ト為リタ

ル話　二

此時中吉ハ江戸ニテ按摩ヲナシテ暮ヲシ居ケルガ舊主人ノ零落
ノ狀ヲ聞キテ其恩ヲ忘レズ逆井ヘ行キテ是ヲ訪問スルコソ我ガ、
盡スベキ所ナレト思ヒタリ因テ直ニ行キテ是ヲ訪問シ其病狀ヲ
見テ再ビ奉公セントヲ願ヘリ．

庄右衞門ハ大ニ是ヲ喜ビケレバ是ヨリ、中吉、力ヲ盡シテ是ヲ看護
セシカド、金錢ノ入用多カリシニ由リ看護ノ傍ニハ常ニ業務ヲ營
ミタリ、即チ晝間ハ茶蔬ヲ賣リ夜間ハ按摩ヲナシ以テ主人ノ爲ニ
藥品食物ヲ得ベキ料ヲ得タリ其患者ヲ過スルノ至レル「固ヨリ
他人ノ爲シ得ザル所ナリ又夏日ハ枕席ヲ扇ギテ病床ヲ凉クシ冬
日ハ己ノ身ヲ以テ主人ヲ暖メナドシ自身ニハ常ニ惡シキ食物ヲ

十八

主人ノ利害ヲ輕視シテ專ラ私利ニ汲々タヲシムルニ至ル是ニ於テ彼徒ハ皆機ニ乘シテ、主人ノ財物ヲ貪リ掠メケレバ主人ハ孤立シテ依ル所ナク、終ニ破產ノ域ニ陷レリ。

斯ル場合ニ立チ至リケレバ庄右衞門最早江戶ニ居住スルコト能ハズシテ逆井ト云フ處ニ退居シ、家ニ持傳ヘタル物品ヲ賣リナドシテ、些少ノ金ニテ三年間生活シタリキ。斯クシテ次第ニ其所持金ヲモ費シ遂ニ其居宅ヲ修復スベキノ場合ニ至リタルモ是ヲ修復スルコト能ハザル有樣トナレリ。且向キノ奢侈ニ引替ヘテ今遽ニ貧苦ニ艱ミケレバ爲ニ病ヲ招キ其容體日ヶニ衰ヘテ遂ニ死亡ニ近ツキタルガ如クニ見エタリ。サレド新ニ此村ニ來リ住ミテ相識ル者ナカリケレバ誰レ一人トシテ是ヲ扶助スル者アラザリキ。

十七

此少年ハ十年間庄右衞門ニ奉公シテ極テ誠實ニ勤メタリ、サレド、

何事ニ因ヲズ主人ノ非ヲ見レバ是ヲ諫メシガ其諫言モ屢、ナリケ

レバ諺ニ云フ忠言耳ニ逆フノ理ニテ庄右衞門モ遂ニ其諫言ヲ厭

ヒ、最早是ヲ照フ可ラズト決心シテ、中吉ノ届ヲ解キタリ、

斯クテ中吉ハ二十歳ニシテ、主家ヲ逐ハレ、自力ニ食ムベキ有樣ト

ナリケレバ、自已ニデ生計ヲ營ム前ニ、先ヅ友人ノ家ニ暫ク寓居シ

タリ、

凡ソ、金錢餘アレバ奢侈放蕩ニ趣クハ人ノ常ナリ、庄右衞門モ、元來、

衣食ヲ節スルコヲ好ミタレドモ、次第ニ浪費ヲ事トシ、或ハ美麗ナル

庭園ヲ築キ或ハ愛妾ノ爲ニ美宅ヲ造リ、或ハ茶ノ湯ヲ催スベキ宝

ヲ築キ或ハ一塲ノ地ヲ備ヘテ、蹴鞠ヲ催シナドセリ、加之家事ニ注

意スルノ念、次第ニ薄ク、且其從者ヲ薄待シ其所爲遂ニ從者ヲシテ

り.此慣習ハ其父ヨリ稟ケ得タル者ナラン.又三度ノ食事ノ外ニ何

等ノ食物ヲモ食フノ意ナク,殊ニ他人ノ殘物ヲ食フヲ屑シトセズ.

已ガ手ニ在ル仕事ヲ爲スニハ着實ニシテ能ク注意シ其口ヲ開ク

ヤ,善事ヲ語リテ惡事ヲ説クコトナシ.

庄右衞門ハ其話ヲ聞キ終リテ只管,彼童子ヲ引受ケタシトノ念起

リケレバ,主人ニ其兒ヲ同伴スルヲ許スヤ否ヤト問ヒシニ其人答

ヘテ,彼ノ母ト兄トガ諾シタワンニハ,彼ガ幸ナラン.余直ニ彼等ト

談合スベシト云ヒテ其家ニ往キ,右ノ事情ヲ具ニ彼等ニ告ゲタリ.

彼等ハ斯ク難澁ノ情態ナルニ由リ,大ニ其所望ヲ喜ビ餅屋ノ主人

ニ伴ヒテ,庄右衞門ノ待チ居ル所ニ來リ,切ニ其小童ヲ引受ケヲレ

ンコヲ請ヘリ.斯クテ庄右衞門ハ菓子ヲ引キ取リ,中山ニテ始テ見

タレバトテ名ヲ中吉ト改メ,遂ニ江戸ニ連レ歸レリ.

十五

サテモ他人ノ残物ヲ貪リ食ヒテ舌打スルハ何タル兒童等ゾト云
ヒケリ.

庄右衛門ハ此童子ノ振舞ニ感ジテ、心ノ内ニ思フヤウ、是レ尋常ノ

兒童ニハアラジト斯ク思按シツヽ、フト見レバ其童子ハ、小兒ヲ背

ヨリ御シテ地上ニ置キタリシガ其介抱ハ他ノ子守兒童ノ為スヨ

リモ甚ダ注意ノ行キ屆クヲ認メタリ.庄右衛門ハ、愈其童子ノ行ニ

感嘆シ餅屋ノ主人ニ、彼童子ハ何處ノ者ゾト尋ネタリ.

主人答ヘテ彼ハ常ニ山ノ彼方ニ住マヒタル農夫ノ子ニシテ父ハ、

勝助ト呼ビタリシガ、今ハ已ニ死亡シ又近頃此澁ハ飢饉甚シキ故

ニ、余ハ困苦セル人民ノ救助ニ、彼レ是レ力ヲ盡セル折柄此兒童モ、

他ノ四五輩ト共ニ余家ニ引キ取リシニ此ノ常ノ兒童トハ遙ニ替

リテ、家内ニ取亂シタル物ナドアレバ總テ是ヲ片付クルノ慣習ア

第三課　殊勝ナル小童ノ成長シテ殊勝ナル人ト爲リタ

ル話　一

擧テ江戸靈巖島ニ諸崎庄右衞門ト云ヘル豪富ノ米問屋アリ或ル

時庄右衞門ハ伊勢國度會郡ニ祀レル大神宮ヘ參詣シタリシガ其

歸途遠江國ナル佐夜ノ中山ヲ過ギシ時其地ノ名物ノ飴ノ餅ヲ買

ヒテ食ヒ居タルニ二三人ノ兒童其傍ニ集マリ來リ、サモ其餅ヲ食

ヒタキヤウニ見エタリ庄右衞門ハ憫ミ深キ人ナリケレバ餅五ツ

六ツ取リテ兒童等ニ與ヘタリシニ其中ニ一人ノ童子アリテ餅ヲ

受クルコヲ辭シ、ヤガテ仲間ヲ離レテ床几ニ倚リ獨言シテサゾモ

十三

其餘モ皆是ニ準ズ銀貨ハ一圓半圓二十錢十錢五錢ノ五種ニテ一

圓銀ノ性合ヲ銀九分銅一分トシテ重量ハ七匁一分七厘六毛ナリ

半圓以下ノ性合ハ銀八分銅二分ニテ半圓ノ重量ハ三匁三分二厘

九毛二五ナリ其餘ハ皆半圓ニ準ズ銅貨ハ二錢一錢半錢一厘ノ四

種ニテ其重量ハ一厘ハ三分四厘一毛五半錢ハ九分四厘八毛七五

一錢ハ一匁八分九厘七毛五ニシテ二錢ハ三匁七分九厘五毛ナリ」

本邦ニテ制定セラレタル貨幣ハ品質定量トモ斯ク純良ナル者ナ

レバ贋造ノ弊ヲ防グベキハ勿論世界萬國ニ通用シテ少シモ愧ヅ

ル所ナカルベシ是レ明治聖代ノ恩澤ニ由ル者ナレバ吾國民タル

モノハ誰カ此盛業ヲ仰ガザルベキ

板金　小判ノ類ナリ

國初　徳川氏幕府ヲ開キタル初ヲ云フ

兌錢ハ　…ハ貨

步金　二步金等ノコナリ

十二

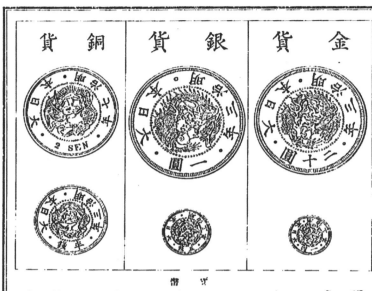

| 銅　貨 | 銀　貨 | 金　貨 |

嘆ズベキハ、固ヨリ氏ガ常時憂

慮セシニ比スベクモアラズ.

サレ氏、今日ニ至リテハ我邦ニ

テモ、歐米諸國ノ制度ヲ斟酌シ

テ、遂ニ貨幣ノ制ヲ一定セラレ

タルハ、盛世ノ美舉ト謂フベシ.

試ニ今日ノ貨幣ノ制ヲ示サン

ニ、金銀銅ノ三類アリ.金貨ハ二

十圓、十圓、五圓、二圓、一圓ノ五種

ニテ、總テ金九分銅一分ヲ以テ

性合トセリ.其中ニテ、一圓金ノ

重量ハ四分四厘三毛六八二テ、

十一

二由テ自ヲ輕重アリシ「氏ノ其ニ論ゼルガ如シ然レ圧日本全國

ノ貨幣ヨリ論ズルトキハ是レ只一局部ノ病ト謂フベキニ其弊害ノ

及ブ所太宰氏ノ言ノ如キハ誠ニ驚クベキ事ナリサレド其時ハ此

國ノミノ事ナレバ其弊害ノ及ブ所小ナリト雖モ若シモ萬國通商

ノ今日ナランニハ果シテ如何ゾヤ是レ固ヨリ氏ノ時代トハ同一

ニ論ズベキニアラズ凡テ貨幣ト云ヘル者モ一種ノ商品ニテ其價

ニ高低アル「他ノ商品ヨリ少シモ異ナラズサレバ品質粗惡ナレバ、

其價必ズ他ノ商品ヨリ下落スルニ由リ購買ノ數モ減シ交易ノ媒

介タル效用ヲモ失フニ至ルベシ若シ又此時他ニ純良ノ貨幣アリ

テ粗惡ノ貨幣ト共ニ通用セバ粗惡ナル物ノミ國內ニ殘リ純良ナ

ル物ハ總テ他國ニ飛ビ去ラン「他ノ商品ガ需用アル土地ニ流レ

込ムニ異ナル「ナシ若シ誠ニ此ノ如クナラバ其弊害ノ悲ムベク

十

故ニ復セリ、是レ又目出タキ善政ナリト、

一國ノ強ト弱トハ貨幣ノ制ニ基ヅク「多シ、貨幣ノ國內ニ通用ス
ルハ、血液ガ、人體ヲ循環スルト同ジ理ナリ、サレバ其品質ノ純良粗
惡ト其通用ノ澁滯疏通トハ、元氣ノ強弱ヲ引キ起ス者ニテ其關係
スル所小ナラズ、故ニ貨幣ノ制ハ、一國ニ取リテ等閑ニスベキ業ニ
アラズ、

貨幣ノ品質粗惡ナルカ又ハ其分量ノ定マラヌ時ニハ贋造スル者
多ク生ズベシ、此ノ如クナレバ國民皆貨幣ヲ嫌忌シ、又ハ、危疑シテ
遂ニハ、融通ノ道ヲ塞グニ至ラン、前文經濟錄ノ作者太宰純氏、是等
ノ事ヲ苦慮シテ、其弊害ヲ述ベタル「至當ノ事ト謂フベシ、其頃ハ、
封建時代ノ習慣ニテ、西ノ大名ト束ノ大名トハ、自ヲ其政事同ジカ
ラズ、況シテ國ヤノ交通モ頻繁ナラザリシニ由リ貨幣ノ害モ國所

廟大統ヲ繼ガセ給ヒテヨリ、大ニ此事ヲ憂ヘ給ヒ元祿以來五等ノ

惡銀ヲ銷シテ國初以來ノ故幣ニ復セン㆒ヲ議セラル・遂ニ有司ニ

命シテ純銀ヲ以テ故幣ノ如ク新幣ヲ造ラシメラル・正德ノ二年ヨ

リ新銀稍世ニ行ハル・其直ハ故幣ノ如クニシテ、壹錢ヲハ四ツ寶ノ

四錢ニ直ス・三ツ寶二ツ寶一ツ寶元祿マデノ四等ハ其色ノ甲乙ニ

隨テ幾分ノ增ト云フヲ以テ、改造ノ新幣ニ直ス・新幣未ダ海內ニ行

フベキ程ニ成就セザル故ニ、五等ノ惡銀ヲモ未ダ廢セズ新幣ト並

ベ行フ・只一種ノ銀幣ニ好惡六等有リテ其直モ多少不同ナル故ニ、

士民是ヲ苦ムㄇ甚シ・享保ノ初ニ及テ新令下リテ元祿以來ノ惡銀

ヲ悉ク廢シテ專ニ新幣ヲ行ハシメラル・茲ニ至テ海內ノ銀幣減シ

テ四分ノ一トナリシ故ニ、士民大ニ苦メリ。然レㄇモ數年ヲ歷テ新銀、

海內ニ流布セシカバ、漸々ニ其痛モ去リテ、イツトナク國初以來ノ

八

ヲ增加シテ、文ニ二ツノ寶ノ字ヲ印ス、色彌惡シ、民是ヲ賤ンズルコ
彌甚シ、是ニテモ猶巳マズ其後又雜物ヲ增加シテ、文ニ三ツ寶ノ字三ツ
ヲ印ス其後又雜物ヲ增加シテ、文ニ四ツノ寶ノ字ヲ印ス寶永中ニ
四度造レル銀幣ヲ民間ニ一ツ寶二ツ寶三ツ寶四ツ寶ト目ツク四
ツ寶ニ至テハ其色黑黯ニシテ鑛ヲ生シ銀ノ本色失セ果テ、鉛錫
ト少シモ異ナルコ無シ民是ヲ賤ムコ土石ノ如シ國初以來ノ故銀
ハ六拾錢ヲ以テ金壹兩ニ直ス壹錢ヲ銅錢七八拾文ニ直スルヲ常
トセシニ三ツ寶四ツ寶ノ惡銀ニナリテハ、直大ニ減シテ八拾錢ヲ
以テ金壹兩ニ直シ壹錢ヲ銅錢四拾文計ニ直ス茲ニ至テ士民ノ患
甚シ東國ハ金ト錢トヲ用ヒテ銀ヲ用フルコ稀ナルニ故ニ惡銀ノ害
ヲ被ルコモ輕シ京都ヨリ西ハ專ラ銀ヲ用フル故ニ惡銀ノ害ヲ受
クルコ甚ダ重シ僞造モ彌多クシテ、士民ノ患是ニ過グルコ無シ文

七

ヲ豆板ト云フ銀錠ハ拾兩ヲ挺トス重サ四拾三錢ナリ俗ニ挺銀ト

云フ錠ニ大小アリテ必シモ重サ拾兩ナルニ非ズ挺銀ト碎銀ト

ニ美惡有ルニ非レモ挺銀ヲ以テ碎銀ニ易フレバ必挺銀ノ方ヨリ

兌錢ヲ出ダス溲淪ヲ歩金ニ易フル如ク便ト不便トノ故ナリ國初

ノ銀幣ハ純物ナリシニ元祿改造ノ時ニ銅鉛錫ヲ雜ヘテ其數ヲ多

クス文ニ元ノ字ヲ印シテ是ヲ元祿新銀ト呼ブ慶長ノ故銀ニ比ス

レバ色稍薄シ此幣海內ニ行ハレテヨリ故銀ヲ停止セラレ此幣純

銀ニ非ザルニ依テ僞造スル者起リテ士民欺ヲ受クル者多シ此新

銀ニテ已ムベカリシニ寶永年中ニ又國用匱シクナリテ幣ノ數ヲ

多クセン爲ニ銅鉛錫ヲ增加シテ寶永ノ文ニ寶ノ字ヲ印シテ是ヲ寶永新

銀ト呼ブ元祿ノ銀ヲ止メテ寶永ノ新幣ヲ行フ其色黑黯ニシテ元

祿ニ比スレバ鉛ノ如シ民是ヲ賤ンズ是ニテモ已マズ其後又雜物

シテ諸種ノ物品ト交換スルニ適スル所ノ者ヲ選擇シテ是ヲ交易

ノ媒介ト爲シ以テ此困難不便ヲ救フニ至レリ。今日、一般ニ使用ス

ル、金銀銅ノ貨幣即チ是ナリ。而シテ貨幣モ亦帽子足袋ノ如キ商品

ナリヤト云フニ是レ亦一ノ商品ナリ。蓋金銀銅ノ類ヲ採掘スルニ

ハ坑夫ノ勞力ヲ要シ、又是ヲ運搬シ、是ヲ製造スルニハ許多ノ勞力

ヲ經テ始テ一ノ貨幣トナル者ナレバ貨幣ハ諸物品中特ニ貴重ナ

ル商品ナリ。

## 第二課　貨幣ヲ論ズ

經濟錄ニ曰ク當代ノ銀幣ハ國初以來二品有リ、一ツニハ銀錠ナリ、

二ツニハ碎銀ナリ。銀ハ四鑯三分ヲ以テ壹兩トス碎銀ハ大小齊シ

カラズ重サ二三分ヨリ四五鑯ニ至ル。其形豆ノ如クナル故俗ニ是

有シテ彼ノ我ノ嬰スル所ト有スル所ト、恰モ相合フコトナレバ貸幣ナ

キ交易モ亦實行ス可キ者ノ如シト雖モ猶不便ナルコト無シトセズ。

例ヘバ、今米一斗ノ價ハ八拾錢ニシテ、帽子モ亦八拾錢ナルトキハ米

一斗ト帽子一個トヲ交易スルニハ貸幣ヲ用ヒザルモ、少シモ不便

ナルコトナカルベシ。然ルニ帽子商ガ米二升ヲ嬰スルトキハ、如何ニ

スベキゾ。即チ米二升ノ價ハ、拾六錢ニシテ、一個ノ帽子ヲ五個ニ分

チタル其一ニ當ルナリ。然レドモ帽子ヲ五個ニ分ツトキハ實用ニ立チ

難カルベシ。故ニ貸幣ナキ交易ハ、各人ノ嬰スル所ト有スル所ト相

合フ時ニモ猶行ハレザルコトアリ。此ノ如ク貸幣ヲ用ヒザルヨリ、生

ズル不便困難ノ大ナルコヲ知ルトキハ、貸幣ノ効用ハ別ニ解釋セザ

ルモ自ヲ明白ナル可シ。

物品ノ交易ハ斯ク不便困難ヲ生ズルニ由リ、物品中ニ於テ貴重ニ

即チ其時ハ、足袋屋ニ就キテ、其要スル物品ヲ問ヒ、更ニ其物品ヲ以

テ帽子ニ易ヘント欲スル者ヲ求メテ、是ト交易セバ可ナラント思

フ人アラン、若シ果シテ斯ル帽子商アリトセバ、其人ハ、忍耐ノ強キ

人ト謂フ可シ、彼レ初メ米屋ニ行キシニ、米屋ハ帽子ヲ要セズ、更ニ

足袋屋ノ家ニ行キシニ、足袋屋モ亦帽子ヲ要セズ、味噌屋、醤油屋、青

物屋モ亦然リトスレバ、亦綿屋、米屋等ニモ、奔走セズンバアル可ヲ

ズ、此ノ如ク僅ニ一斗ノ米ヲ得ンガ爲ニ、諸方ニ奔走スルトキハ、其勞

ト時間トヲ徒費スルコ幾許ゾヤ、故ニ貨幣ヲ使用スル交易ハ、極テ

輕便ニシテ、直接ニ物品ヲ交換スルハ、却テ不便困難ナルノ理由自

ヲ明瞭ナラン、

然レトモ若シ帽子商ハ、米ヲ要シ、米屋ハ帽子ヲ要スル場合アリトセ

バ彼ノ求ムル物品ハ、我レ是ヲ所有シ、我ノ要スル所ハ彼レ是ヲ所

三

理ナキニアラズ、元來、交易ハ物ト物トヲ交換スル事ナレバ、太古ノ

人民ハ皆直接ノ物品交易ヲ爲シタリ、然レモ、各人ノ交際、漸ク錯雑

シ、需要スル物品モ増加スルニ從ヒ、斯ル古風ノ交易ハ實際ニ行フ

ベカラズ、今試ニ此世界ニ貨幣ノ通用絶ナシト思フベシ、然ルキ

ハ諸人ノ交易ノ有樣ハ、如何ガアルベキゾ、

茲ニ帽子商アリテ米ヲ得ント欲シ、帽子ヲ携ヘテ近隣ノ米屋ニ行

キ、我ニ米一斗ヲ與ヘヨ我ハ其代リニ、汝ニ此帽子ヲ與ヘント云ハ

ニ、米屋ハ是ニ答ヘテ我レ今帽子ヲ要セズ吾ガ要スル所ノ者ハ、

只一足ノ足袋ナリト云ヒテ帽子商ノ求ニ應ゼザルキハ、如何ニス

ベキゾ、然ルキハ帽子商ハ、足袋屋ノ家ニ行キテ其帽子ヲ足袋ニ易

ヘ、更ニ其足袋ヲ米屋ニ持チ行カント答フル人アラン、

然ルニ足袋屋モ亦米屋ノ如ク帽子ヲ要セザルキハ、如何ニスルゾ、

第一課　貨幣ノ必要

今日、世ノ中ニ何故ニ貨幣ヲ用フルゾト云フニ、物品ノ交易ヲ便ナ

ラシメンガ爲ニ用フルナリ。而シテ物品ヲ以テ貨幣ニ易フルヲ賣

ルト云ヒ、貨幣ヲ以テ物品ニ易フルヲ買フト云フ。例ヘバ、一ノ帽子

商アリ、我商品タル帽子ヲ賣リテ、貨幣ヲ得テ其貨幣ニテ米屋ヨリ、

其商品タル米ヲ買フトキハ是レ即チ帽子ト米トヲ交易シタルナリ。

故ニ貨幣ハ此二個ノ商品ヲ交易スル間ニ居リテ其媒介ヲ爲スニ

過ギザルモノナリ。

然レドモ是等ハ迂遠ナル手段ナレバ帽子商ハ貨幣ヲ用ヒズシテ直

ニ其帽子ヲ米ニ易ヘンコ、却テ輕便ナル可シト思フ人アリ。是レ一

一

三

（二章）

# 高等小學讀本卷之五

## 目録

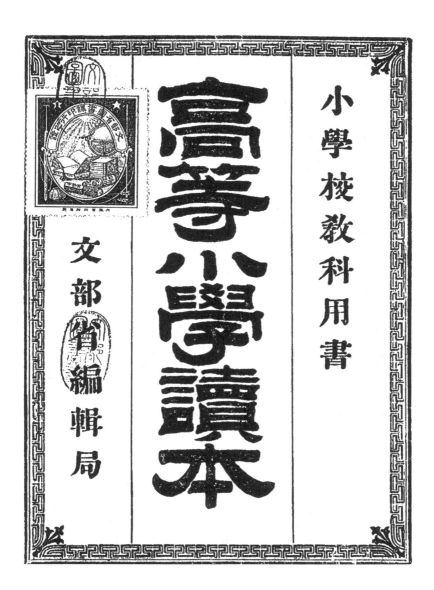

小學校敎科用書

高等小學讀本

文部省編輯局

高等小學讀本

五

高等小學讀本

五

옮긴이 **이현진**

쓰쿠바대학 대학원 인간종합과학연구과 학교교육학 전공(석사·박사).
저서로『나의 하루 1줄 일본어 쓰기 수첩』(시대인), 『new스타일일본어』(공저, 동양북스), 『新スラ
スラ일본어작문』(공저, 제이앤씨) 등이 있다.

**상명대학교 한일문화연구소 번역총서 05**

# 고등소학독본 5

1판 1쇄 인쇄__2020년 08월 20일
1판 1쇄 발행__2020년 08월 30일

© 이현진, 2020

**옮긴이**__이현진
**발행인**__양정섭

**펴낸곳**__경진출판
　　　　**등록**__제2010-000004호
　　　　**이메일**__mykyungjin@daum.net
　　　　**사업장주소**__서울특별시 금천구 시흥대로 57길(시흥동) 영광빌딩 203호
　　　　**전화**__070-7550-7776　**팩스**__02-806-7282

**값** 19,000원

ISBN 978-89-5996-746-9 94370
ISBN 978-89-5996-492-5 94370(세트)